LEKTÜRESCHLÜSSEL
FÜR SCHÜLERINNEN UND SCHÜLER

Georg Büchner

Woyzeck

Von Hans-Georg Schede

Philipp Reclam jun. Stuttgart

Dieser Lektüreschlüssel bezieht sich auf folgende Textausgabe: Georg Büchner: *Woyzeck. Leonce und Lena*. Hrsg. von Burghard Dedner. Stuttgart: Reclam, 2005 [u. ö.]. (Universal-Bibliothek. 18420.)

RECLAMS UNIVERSAL-BIBLIOTHEK Nr. 15339

Gesamtherstellung: Reclam, Ditzingen
Printed in Germany 2010

ISBN 978-3-15-015339-0

www.reclam.de

Inhalt

1. Erstinformation zum Werk

Woyzeck ist Georg Büchners letztes dichterisches Werk. Das Stück entstand, den spärlichen Zeugnissen zufolge, im Sommer und Herbst 1836. Zu dieser Zeit lebte Büchner als ein in seiner hessischen Heimat politisch Verfolgter im Straßburger Exil und bereitete sich darauf vor, nach Zürich zu übersiedeln, um dort an der Philosophischen Fakultät der neugegründeten Universität als Privatdozent zu unterrichten. Er war 22 Jahre alt.

Das Drama *Woyzeck* beruht auf mehreren zeitgenössischen Mordfällen, die in der Öffentlichkeit wie auch in der medizinischen, juristischen und psychiatrischen Fachwelt stark diskutiert worden waren. Büchners Hauptquelle ist der Fall des Johann Christian Woyzeck, der am 2. Juni 1821, im Alter von 41 Jahren, in Leipzig seine um fünf Jahre ältere zeitweise Geliebte Johanna Christiane Woost aus Eifersucht erstochen hatte.

Das Leben des historischen Johann Christian Woyzeck

Woyzeck, 1780 in Leipzig geboren, hatte früh beide Eltern verloren, mit 13 Jahren eine Perückenmacherlehre begonnen und war nach 1798 sechs Jahre lang als wandernder Geselle durch Deutschland gezogen, in welcher Zeit er sich mit Hilfe von Gelegenheitsarbeiten durchs Leben schlug. Während der Napoleonischen Kriege diente er insgesamt zwölf Jahre lang in verschiedenen Armeen. Von besonderer Bedeutung ist dabei eine Episode aus dem Jahre 1810, als Woyzecks damalige Geliebte ein Kind von ihm zur Welt brachte, sich ungeachtet dessen aber auch mit anderen Soldaten einließ. Woyzeck reagierte tief verstört, durchlebte depressive Phasen, trank und wurde aufgrund eines Diebstahls zum ersten Mal straffällig. Sein Zustand verschlimmerte sich weiter. Schließlich wurde er unehrenhaft entlassen. Er fasste nirgends mehr Fuß und kehrte 1818 in seine Heimatstadt zurück, wo er zuletzt ohne Arbeit und Obdach lebte.

Johanna Christiane Woost war die Stieftochter seines letzten Lehrherrn. Sie war seit 1813 verwitwet. Kurz nach Woyzecks Rückkehr nach Leipzig war sie mit diesem ein Verhältnis eingegangen, pflegte aber daneben noch andere Liebschaften. Woyzeck hatte sie aus Eifersucht bereits mehrfach körperlich misshandelt, bevor er sie schließlich ermordete. Er wurde unmittelbar nach der Tat gefasst. Um seine Schuldfähigkeit zu ermitteln, beauftragte man den angesehenen Leipziger Gerichtsmediziner Hofrat Professor Johann Christian August Clarus mit einem psychologischen Gutachten. Dieses bescheinigte dem Angeklagten die volle Zurechnungsfähigkeit. Daraufhin wurde Woyzeck zum Tod durch das Schwert verurteilt. Die Verteidigung erwirkte einen Aufschub und später eine Neuaufnahme des Verfahrens, die aber wiederum zur Verurteilung Woyzecks führte. Ende August 1824 wurde Woyzeck auf dem Leipziger Marktplatz vor 5000 Schaulustigen öffentlich hingerichtet.

Gerichtspsychologische Gutachten

Clarus veröffentlichte seine beiden Gutachten. Das ausführliche zweite Gutachten, das Georg Büchner für sein Drama benutzte, wurde 1825 auch in der *Zeitschrift für die Staatsarzneikunde* abgedruckt. Dort hatte Georg Büchners Vater Ernst Büchner – seit 1824 Mitglied des Medizinalrates, der obersten Gesundheitsbehörde des Großherzogtums Hessen-Darmstadt – im gleichen Jahr ein psychologisches Gutachten über den »Gemüthszustand eines Soldaten im Augenblick seines Vergehens im Dienste durch thätliches Vergreifen am Vorgesetzten« veröffentlicht. (Dieser Soldat wurde übrigens aufgrund des Gutachtens freigesprochen, der Unteroffizier hingegen, der ihn provoziert hatte, zu scharfem Arrest verurteilt.) Auch hatte Büchners Vater als junger Sanitätsgehilfe zwischen Herbst 1806 und Frühjahr 1807 im selben holländischen Regiment gedient wie der Infanteriesoldat Woyzeck. Dass Georg Büchner schon während seiner Kindheit von dem aufsehenerregenden Mordfall gehört hatte, ist demnach wahrscheinlich.

Zu seinem Drama scheinen Georg Büchner aber auch zwei weitere Mordfälle angeregt zu haben.

Weitere zeitgenössische Mordfälle

1817 hatte der Tabakspinnergeselle Daniel Schmolling in Berlin seine Geliebte mit einem Messer umgebracht. Die Umstände der Tat ähneln denen im *Woyzeck*-Drama. Und 1830 erstach in Darmstadt der Leinenweber Johann Dieß seine Geliebte. Er starb 1834 im Zuchthaus, woraufhin seine Leiche zur Sektion an die Anatomie der Universität Gießen überstellt wurde. Zu dieser Zeit setzte Georg Büchner sein in Straßburg begonnenes Medizinstudium an der Landesuniversität Gießen fort und belegte unter anderem Vorlesungen über »Gerichtsmedizin« und »anatomische Übungen«. Die Wahrscheinlichkeit ist hoch, dass Büchner der Obduktion des Mörders Dieß beiwohnte oder jedenfalls von ihr erfuhr.

Die drei Mordfälle weisen auffällige Entsprechungen auf: Die Täter entstammten armen Verhältnissen, waren wenig gebildet, hatten handwerkliche Berufe gelernt, als Soldaten gedient, eine unstete, beruflich erfolglose und sozial deklassierte Existenz gefristet, unterhielten Verhältnisse zu Frauen, mit denen sie ein Kind hatten (oder, im Falle Schmollings, erwarteten), die sie aber aufgrund ihrer sozialen Stellung nicht heiraten konnten und die ihnen untreu waren. Sie töteten vorsätzlich und offenbar ohne Hoffnungen mehr für ihr eigenes Leben. Sie ließen sich ohne weiteres überführen. In allen drei Prozessen spielte die Frage der Zurechnungsfähigkeit eine entscheidende Rolle. Alle drei Fälle erlangten hohe öffentliche Aufmerksamkeit. Sie wurden miteinander verglichen. Alle drei Täter wurden für zurechnungsfähig und mithin für voll schuldfähig befunden.

»Man versuche es einmal und senke sich in das Leben des Geringsten und gebe es wieder, in den Zuckungen, den Andeutungen, dem ganzen feinen, kaum bemerkten Mienenspiel.« Diese Worte legt Georg Büchner in seiner *Lenz*-Novelle der Hauptfigur, dem gemütskranken Dichter und Dramatiker Jakob Michael Reinhold Lenz, in den Mund. Im *Woyzeck* hat er diesen Versuch selbst unternommen.

2. Inhalt

Szene 1. Auf einem Feld vor der Stadt schneiden die einfachen Soldaten Franz Woyzeck und Andres, dessen Nachname nicht genannt wird, Stöcke. Ob das zu ihren Dienstpflichten gehört, bleibt offen; ebenso, zu welchem Zweck die Stöcke gebraucht werden. Möglicherweise sollen sie bei Prügelstrafen eingesetzt werden. Woyzeck hat furchterregende Halluzinationen. Der Streif, den er im Gras wahrnimmt, deutet darauf hin, dass er glaubt, sich auf einer Richtstätte zu befinden: Dem Volksglauben zufolge sind an solchen Orten dem Boden unauslöschliche Merkmale eingeprägt. Seiner Befürchtung nach muss man damit rechnen, hier auf Köpfe von Enthaupteten zu stoßen, was den Finder nach kurzer Zeit das eigene Leben kosten könne. All diese undurchschaubaren Gefahren führt er auf das geheime Wirken der Freimaurer zurück, die nach dem Glauben der einfachen Leute ihre dunklen Machenschaften in unterirdischen Versammlungsräumen verabredeten. Zuletzt meint er, dass der Himmel in Flammen stehe und Posaunen ertönten; eine Halluzination, die deutlich unter dem Einfluss der neutestamentlichen Offenbarung des Johannes, der Ankündigung des Weltendes, steht. Seinen Gefährten Andres, der zunächst ein harmloses Lied sang, durch Woyzecks Erregung und seine Mitteilungen aber mehr und mehr in Angst versetzt worden ist, reißt Woyzeck zu Boden und in Deckung. Darauf klingen seine Wahnvorstellungen ab, die Welt erscheint ihm als tot. Andres macht ihn auf das Trommeln aufmerksam, das von der Stadt herübertönt: Der Zapfenstreich beginnt. Andres drängt zum Aufbruch.

Woyzecks Halluzinationen

Szene 2. Marie Zickwolf, Woyzecks Geliebte und Mutter ihres gemeinsamen Kindes, steht mit ihrem kleinen Sohn am Fenster, während der Zapfenstreich vorbeizieht, den Woyzeck und Andres vor der Stadt gehört haben. Angeführt werden die Soldaten vom Tambourmajor, der bei Marie und ihrer Nachbarin Margreth einen starken Eindruck hinterlässt. Die beiden Frauen geraten in Streit, als Margreth Marie vorwirft, dem Tambourmajor schöne Augen gemacht zu haben, und auf ihre unehrbaren Familienverhältnisse anspielt. Während Marie sich beruhigt, indem sie ihrem Sohn ein Lied vorsingt, klopft Woyzeck ans Fenster. Er kommt nur auf einen Augenblick herein, weil er zum abendlichen Zählappell in die Kaserne eilen muss. Hastig berichtet er, was er draußen erlebt hat und wie er auf dem Weg in die Stadt verfolgt worden sei. Dann geht er. Marie ist bestürzt, dass Woyzeck so verwirrt erscheint und sein Kind nicht angesehen hat. Ihr ist unheimlich zumute.

Szene 3. Vermutlich noch am selben Abend besuchen Woyzeck und Marie einen Jahrmarkt. Woyzeck ist aufgeräumter Stimmung. Vor einer Bude preist ein Ausrufer, halbunsinnig philosophierend, ein sternkundiges Pferd sowie einen als Soldaten verkleideten Affen an. Marie und Woyzeck wollen sich die Vorführung ansehen. Ein Unteroffizier und der Tambourmajor, die Marie in der Menge entdeckt und ein Männergespräch über ihre erotische Ausstrahlung geführt haben, folgen ihnen ins Innere der Bude, wo das Pferd seine Künste vorführt und der Marktschreier fortfährt, parodistisch den Unterschied zwischen Mensch und Kreatur auszuführen und seine Unerheblichkeit zu betonen. Das Pferd kann auch die Uhr entziffern. Für diese Probe stellt der Unteroffizier seine Uhr zur Verfügung. Marie drängelt sich nach vorne und lässt sich dabei vom Unteroffizier helfen.

Szene 4. Marie, ihr Kind auf dem Schoß, hat sich mit Ohrringen geschmückt und betrachtet sich in einer Spiegelscherbe. Sie beklagt – unter dem Eindruck des Geschenks, das offenbar vom Tambourmajor stammt – die Ungleichheit der menschlichen Verhältnisse und versucht das im Augenblick störende Kind mit Gesang und Drohungen zum Schlafen zu bewegen. Woyzeck überrascht Marie, die den Schmuck zu verbergen versucht. Sie gibt an, die Ohrringe gefunden zu haben, was Woyzeck anzweifelt. Dann lenkt er ein, betrachtet sein schlafendes Kind, lässt Marie Geld da und verabschiedet sich bis zum Abend. Marie, wieder mit dem Kind allein, hat ein schlechtes Gewissen.

Maries Untreue

Szene 5. Woyzeck rasiert den Hauptmann, der sich als philosophischer Kopf aufspielt, sich über Woyzeck lustig macht, ihn ermahnt, sich nicht immer so zu hetzen, weil das auf ein schlechtes Gewissen deute, und ihm schließlich seinen unmoralischen Lebenswandel vorhält. Woyzeck weist, ohne direkt zu widersprechen, auf die großzügigeren Anschauungen Jesu hin und darauf, dass es sich die armen Leute nicht leisten können, tugendhaft zu sein, weil ihnen das Nötigste zum Leben (und somit etwa auch zum Heiraten) fehle.

Szene 6. Marie und der Tambourmajor begegnen sich in einer Gasse; offen bleibt, ob zufällig oder aufgrund einer Verabredung. Der derb-sinnliche Charakter ihrer wechselseitigen Anziehung kommt zum Ausdruck. Wie am Ende von Szene 4 zeigt sich, dass Maries Verhältnis zum Tambourmajor ein dumpf empfundener Fatalismus zugrunde liegt.

Szene 7. Woyzeck macht Marie eine Eifersuchtsszene. Er behauptet, den Tambourmajor bemerkt zu haben, und meint, Marie müsse ihre Sünde anzusehen sein. Marie ist zunächst in der Defensive: Woyzeck sei »hirnwütig« geworden und rede im Fieber. Am Ende der Szene, als Woyzecks letztliche Hilflosigkeit offenbar geworden ist, antwortet sie »keck«.

Szene 8. Der Doktor, für dessen Ernährungsexperiment Woyzeck als Versuchsperson dient, wirft diesem vor, »wie ein Hund« an die Wand uriniert zu haben, anstatt seinen Harn vertragsgemäß zu halten und zur Untersuchung abzuliefern. Der Doktor ist sehr empört, obwohl er als wissenschaftlich kaltblütiger Mensch gelten möchte. Woyzeck versucht sich herauszureden, indem er in vertraulicher Weise seine unklaren Ideen von der menschlichen Natur und den Geheimnissen der Welt auszubreiten beginnt. Der Doktor diagnostiziert eine zeitweise geistige Verwirrung, zeigt sich ob des interessanten Falles versöhnt und verspricht Woyzeck eine Zulage.

Woyzeck als Labortier

Szene 9. Der Hauptmann und der Doktor gehen zusammen eine Straße hinunter, stellen im Gespräch nochmals ihre philosophischen bzw. wissenschaftlichen fixen Ideen zur Schau und machen sich übereinander lustig. Den vorbeieilenden Woyzeck hält der Hauptmann an und macht boshafte Andeutungen auf das Verhältnis Maries mit dem Tambourmajor. Woyzeck reagiert tief betroffen und bittet den Hauptmann, mit ihm armem Teufel, der sonst nichts auf der Welt habe, keinen Spaß zu treiben. Der Doktor registriert mit kaltem Vergnügen die äußerlichen Anzeichen von Woyzecks Erregung. Aufgewühlt entfernt sich Woyzeck. Er muss über das Mitgeteilte nachdenken.

Szene 10. Im »Hof des Professors« (seinerzeit hielten die Universitätslehrer ihre Lehrveranstaltungen oft in ihren Privatwohnungen ab) haben sich Studenten versammelt. Der Professor will ihnen ein Experiment mit einer Katze vorführen, wobei Woyzeck ihm assistiert. Der Doktor ist auch zugegen, fordert Woyzeck auf, für die Studenten mit den Ohren zu wackeln, macht sie auf den schlechten Allgemeinzustand von Woyzeck aufmerksam und stellt fest, dass Woyzecks Haare aufgrund der Erbsendiät ganz dünn geworden sind.

Szene 11. Es ist Sonntag und schönes Wetter, Woyzeck und Andres tun Dienst auf der Wachtstube. In zwei Gasthäusern vor der Stadt ist Tanz und Musik, welche offenbar herüberklingt. Woyzeck lässt das keine Ruhe, er muss hinaus.

Szene 12. Im Wirtshaus wird bei offenen Fenstern getanzt. Vor dem Haus wird gesungen, zwei Handwerksburschen führen das große Wort, einer von ihnen predigt ironisch über die Bestimmung des Menschen und die Vollkommenheit der Welt. Woyzeck stellt sich ans Fenster und sieht Marie und den Tambourmajor vorbeitanzen, die ihn nicht bemerken. Erschrocken sinkt er auf eine Bank. Die »Unzucht« »am hellen Tag« lässt ihn die Fassung verlieren.

Szene 13. Auf dem freien Feld führt Woyzeck in höchster Aufgebrachtheit ein Selbstgespräch. Die Musik und der Tanz dröhnen ihm noch in den Ohren. Dann hört er Stimmen aus dem Boden und im Wind. Sie fordern ihn auf, Marie zu erstechen.

Woyzeck wird zur Mordtat getrieben

Szene 14. In der Nacht: Andres und Woyzeck teilen ein Bett. Woyzeck weckt Andres, da ihn immer noch die Tanzmusik verfolgt und Stimmen aus der Wand auf ihn einreden. Andres möchte weiterschlafen. Woyzeck sagt, es ziehe ihm zwischen den Augen wie ein Messer. Andres hält das für eine Fieberphantasie und rät, die heraufziehende Krankheit mit Schnaps zu unterdrücken.

Szene 15. Im Wirtshaus tut der betrunkene Tambourmajor mit seiner Männlichkeit groß und lädt Woyzeck auf rüde Art zum Trinken ein. Als der darauf nicht eingeht, ringt der Tambourmajor ihn nieder und demütigt ihn mit Worten. Woyzeck blutet. »Der hat sein Fett«, meint einer der Zuschauer. Woyzeck, erschöpft zitternd auf einer Bank sitzend, sagt vor sich hin: »Eins nach dem andern.«

Szene 16. Woyzeck kauft einem jüdischen Kleinhändler ein Messer ab.

Szene 17. Marie blättert in der Bibel und stößt auf Textstellen, die ihren Betrug an Woyzeck kommentieren. Ihr Gewissen quält sie, und dennoch kann sie das Verhältnis mit dem Tambourmajor nicht beenden. Der Anblick ihres Kindes versetzt ihr einen Stich ins Herz. Am Boden liegt ein nicht näher charakterisierter »Narr«, murmelt Märchenfetzen, nimmt das Kind an sich und verstummt. Woyzeck ist weder gestern noch heute gekommen. Maries Empfindung zufolge ist »alles tot«.

Szene 18. In der Kaserne verschenkt Woyzeck seinen armseligen Privatbesitz an Andres, der befremdet alles annimmt, ihm aber weiterhin zuredet, sich krank zu melden und sein Fieber mit Schnaps zu kurieren.

Szene 19. Marie hält sich mit Kindern vor der Haustür auf. Die Kinder wollen, dass Marie ihnen ihre Abzählreime vorsingt. Marie zählt ab und fordert die Großmutter – wessen Großmutter, ist unklar – auf, zu erzählen. Diese erzählt ein Märchen von einem armen Waisenkind, das ganz allein auf der Welt und im Weltall ist und überall, wo es hinkommt, feststellen muss, dass alles tot ist und brüchige Fassade. Zuletzt sitzt es einsam und weint. Woyzeck kommt und holt Marie ab, es sei Zeit. Marie fragt, wohin sie gehen. Er antwortet, er wisse es auch nicht.

Szene 20. Marie und Woyzeck sind draußen vor der Stadt, es ist schon finster. Marie möchte gehen. Woyzeck erinnert sie daran, dass sie um Pfingsten zwei Jahre zusammen sind. Marie friert. Woyzeck versetzt: und doch sei sie warm. Ihr »heißer Hurenatem« schürt seine Mordlust und weckt zugleich sein Begehren. Er lässt seine Mordabsicht durchblicken. Marie schreit um Hilfe, Woyzeck stößt so lange mit dem Messer zu, bis sie tot ist. Dann hört er Leute kommen und eilt davon.

Der Mord

Szene 21. Zwei Leute werden Ohrenzeugen der Tat. Der eine möchte es nicht wahrhaben und fortlaufen, der andere bringt ihn jedoch dazu, gemeinsam den Tatort aufzusuchen.

Szene 22. Im Wirtshaus stürzt sich Woyzeck in den Tanz, singt ein anzügliches Lied über ein vorgeblich braves Mädchen, das den Soldaten hinterherschaut, zieht Käthe (vermutlich eine Magd im Wirtshaus) zu sich heran, ist fieberhaft animiert und weist in seinen aufgeregten Reden gleichzeitig auf seine Tat, ohne dass dies den Zuhörern vorläufig bewusst werden kann. Dann entdeckt Käthe, dass er mit Blut besudelt ist. Er sucht nach einer Erklärung und verwickelt sich in Widersprüche. Der Narr zitiert wiederum aus einem Märchen: Er rieche Menschenfleisch. Woyzeck flieht.

Szene 23. Die Nachricht von dem Mord hat sich bis in die Stadt verbreitet, wo ein Kind ein anderes Kind informiert. Gemeinsam rennen sie zum Tatort, um noch etwas zu sehen zu bekommen.

Szene 24. Woyzeck ist zum wieder verlassenen Tatort zurückgekehrt, um die Tatwaffe zu entfernen. Er führt ein fieberhaft erregtes Selbstgespräch, sieht Marie daliegen, findet das Messer und läuft, weil Leute kommen, fort.

Rückkehr an den Tatort

Szene 25. Woyzeck wirft das Messer in einen Teich; jedoch nicht weit genug, wie er fürchtet. Daher watet er ins Wasser hinein und wirft das Messer nochmals und weiter. Dann versucht er sich die Blutflecken abzuwaschen.

Szene 26. Ein Gerichtsdiener, ein Barbier, ein Arzt und ein Richter haben sich versammelt; ob noch am Tatort oder später an einem anderen Ort, bleibt offen. Der Polizeidiener stellt fest, dass man schon lange mehr keinen so schönen Mord gehabt habe.

Szene 27. Die Schlussszene zeigt Woyzeck mit seinem Kind und dem Idioten Karl. Offenbar ist Woyzeck noch durchnässt (vgl. Szene 25), denn der Idiot wiederholt immer wieder den Satz: »Der is ins Wasser gefallen.« Woyzeck möchte das Kind liebkosen, das sich abwendet und schreit. Verzweifelt verspricht Woyzeck seinem Sohn, ihm einen »Reuter« (einen »Reiter«, südhessisch für: Lebkuchen) zu kaufen. Wieder wehrt sich das Kind. Schließlich gibt Woyzeck dem Idioten das Geld für die Süßigkeit, der daraufhin jauchzend mit dem Kind davonläuft.

3. Personen

Georg Büchners *Woyzeck* kommt – was die handlungstragenden Figuren angeht – mit einem kleinen Personal aus. Franz Woyzeck ist eindeutig die Hauptfigur: In 21 von 27 Szenen ist er, wenn auch nicht immer während der ganzen Szene, zu sehen. Die Dauer der Bühnenpräsenz ist meist ein gutes Kriterium für die Bedeutung einer Figur: Wen die Zuschauer auf der Bühne erleben, der erweckt ihre Anteilnahme stärker als Figuren, über die nur gesprochen wird. An halb so viel und zudem oft kürzeren Szenen wie Woyzeck nimmt Woyzecks Geliebte Marie Zickwolf (das spätere Mordopfer) teil. Diesen beiden zentralen Figuren sind zwei weitere zugeordnet, mit denen sie vertrauter umgehen als miteinander, was wiederum ihr eigenes Liebesverhältnis kennzeichnet. Diese beiden Nebenfiguren sind Woyzecks Regimentskamerad Andres und der Tambourmajor, mit dem Marie eine Affäre eingeht. Beide sind in jeweils vier Szenen präsent. In nur zwei bzw. drei, dafür aber ausführlichen Szenen treten schließlich zwei weitere Nebenfiguren auf, die auf Woyzecks Existenz einen bestimmenden Einfluss ausüben: der Hauptmann und der Doktor.

Umfang der Bühnenpräsenz

Bevor wir einen genaueren Blick auf diese sechs Figuren werfen, sind einige Voraussetzungen in Bezug auf die handelnden Personen in Theaterstücken zu klären. Wichtig ist, sich zu vergegenwärtigen, dass diese Figuren sich von realen Menschen unterscheiden. Sie sind, mehr oder weniger geschickt, *konstruiert*. Ihre Hauptauf-

Besonderheiten von Dramenfiguren

gabe besteht darin, eine Handlung voranzutreiben, denn die Zuschauer möchten in der Regel, dass auf der Bühne etwas geschieht. Sie sind daher nicht (wie reale Menschen) einfach da, sondern sie sind *zu etwas da*. Sie erfüllen eine Funktion, auch wenn sie in dieser Funktion nicht aufgehen. Im Umkehrschluss bedeutet das, dass alle Handlungen und Äußerungen einer Bühnenfigur prinzipiell bedeutsam sind. Auch das unterscheidet sie von realen Menschen. Insofern gestattet der Autor dem Zuschauer oder Leser nur einen begrenzten Einblick in die Bühnenfiguren. Daraus leitet sich die Frage ab: Warum erlebe ich gerade diesen Moment, warum werde ich gerade mit dieser Handlung, dieser Äußerung, dieser Geste konfrontiert? Was hat dieser Moment zu bedeuten? Welchen Aufschluss bietet er für das Verständnis des Ganzen, des Theaterstücks? Wenn wir literarische Werke interpretieren, geht es um solche Fragen. Wir nehmen die Figuren, die wir auf der Bühne kennen lernen, immer mit Bezug auf das Geschehen wahr, in das sie verwickelt sind. Wenn wir reale Menschen kennen lernen, liegt uns eine solche Wahrnehmung fern.

Welche Konsequenzen haben diese Überlegungen für die Beschreibung der Personen im *Woyzeck*? Zunächst schärfen sie unsere Wahrnehmung für die Abstufungen in der Konstruiertheit von Bühnenfiguren. So fällt uns auf, dass Georg Büchner sich offenbar Mühe gegeben hat, seine Hauptfigur Franz Woyzeck so zu charakterisieren, dass sie als Mensch aus Fleisch und Blut vor uns steht, während dem Hauptmann etwas Schablonenartiges anhaftet. Woyzeck, kann man sagen, ist ein mehrdimensionaler oder runder Charakter, der Hauptmann ein eindimensionaler oder flacher. Warum ist das so?

Zweitens scheint es richtig, nicht einfach nur zu fragen,

wie die Personen sind, sondern darüber hinaus, welche Funktion ihnen zukommt, indem sie so sind, wie sie sind. Unsere Erwartung ist, dass die Beantwortung dieser weitergehenden Frage bei den schablonenhaften Charakteren leichter fällt als bei den komplexen, deren Aufgabe innerhalb des Stückes weniger offen zutage liegt.

Franz Woyzeck. Die Hauptfigur trägt den Namen einer realen Person, des Leipziger Perückenmachers und Soldaten Johann Christian Woyzeck, der 1780 geboren und 1824 als Mörder hingerichtet wurde (vgl. 1. Erstinformation zum Werk, S. 5 f.). Franz Woyzeck ist kein genaues Abbild dieses Johann Christian Woyzeck. Jedoch hat Georg Büchner aus den gerichtsmedizinischen Gutachten über den historischen Woyzeck zahlreiche Züge auf seine Bühnenfigur übertragen (vgl. 6. Interpretation, S. 56 ff.). Ausgehend von diesen Gutachten zeigt Büchner Woyzeck als einen unter einer Psychose leidenden Menschen. Der aus dem Lateinischen kommende Fachbegriff Psychose bedeutet »seelische Störung« oder »Geisteskrankheit«. Eine Psychose entwickelt sich zumeist aus einem Bündel von Ursachen: körperlichen Erkrankungen, sozialem Druck oder seelischen Belastungen. Sie führt dazu, dass der Erkrankte zeitweise oder dauerhaft Realitätsverluste erleidet, dass sich seine Wahrnehmungen verzerren, dass er für sein Handeln nicht mehr eintreten und folglich auch nicht mehr dafür verantwortlich gemacht werden kann. An Woyzeck schildert Georg Büchner die Symptome der Psychose, an Woyzecks Interaktion mit seiner Umwelt legt er die Ursachen der Psychose offen und an Woyzecks Tat deren Folgen.

Woyzecks Psychose

Maries Untreue ist nicht der Auslöser von Woyzecks seelischer Störung. Sie bewirkt nur, dass Woyzecks letzte Bindung, die ihn entlang des Abgrundes ein mühsames Gleichgewicht bewahren ließ, wegfällt. Schon in der ersten Szene durchleidet Woyzeck geradezu einen psychotischen Schub: Seine Wahnvorstellungen gaukeln ihm (in Vorwegnahme seines eigenen Schicksals) das freie Feld als Richtplatz und Schädelstätte vor, in seinem Verfolgungswahn fühlt er sich von den Freimaurern bedroht, er halluziniert ein göttliches Strafgericht mit Feuer und Posaunen am Himmel. Seinen Kameraden Andres versetzt er mit seinem Verhalten in Angst und Schrecken. Auch Marie »schauert« es, als Woyzeck kurz darauf bei ihr hereinschaut und vertraulich und geheimnisvoll von seinen wahnhaften Beobachtungen berichtet. Sie hält es nicht aus. Dass sie sich dem Tambourmajor zuwendet, der gerade einen starken Eindruck auf sie gemacht hat, ist insofern wesentlich eine Folge von Woyzecks seelischer Störung. Sie signalisiert dem anderen Mann in derselben Jahrmarktszene ihr Interesse, in der Woyzeck für einen Moment wie befreit wirkt: Das kindlich-bunte Treiben, inmitten dessen der Ausrufer seine Späße mit den gesellschaftlichen Institutionen und Glaubenssätzen treibt, durch die Woyzeck im Alltag drangsaliert wird (welcher Zusammenhang Woyzeck selbst, dem ungebildeten unbeholfenen Menschen, sicher verborgen bleibt), legt sich über Woyzecks Wahnbilder. Umso tragischer wirkt es, dass gerade diese Szene mit dem Flirt zwischen Marie und dem Tambourmajor zur Initialzündung der Katastrophe wird. Diese Wirkung wird dadurch verstärkt, dass Woyzeck sich in eben der folgenden Szene 4, in der er Marie mit den Geschenken des anderen Mannes überrascht, als gewissenhafter Ernährer der Familie und als liebevoller und aufmerksamer Vater zeigt. Kennzeichnend ist dabei, dass er sich seinem Kind zuwendet, als es schläft. Es scheint, als wüsste er, dass er verstörend auf andere wirkt, und als ob er eine Scheu habe, mit seinem kleinen Sohn umzugehen (den er in Szene 2 keines Blickes gewürdigt hat). In Szene 5 vertreibt der Hauptmann, während Woyzeck ihn rasiert, sich aus Langeweile und aus Gehässigkeit damit die Zeit, Woyzeck wegen des unmoralischen Lebens, das er führe, ein schlechtes Gewissen zu machen. Woyzeck versucht sich zu verteidigen, akzeptiert aber letztlich den moralischen Kodex, dem er selbst, wie er durchaus weiß, nicht gerecht werden kann, weil die Moral für die reichen Leute gemacht ist: »Es muss was Schöns sein um die Tugend, Herr Hauptmann. Aber ich bin ein armer Kerl.« Dieser offene innere Zwiespalt steht exemplarisch für die gesellschaftlichen Ursachen von Woyzecks seelischer Störung.

Woyzecks Wahrnehmung seiner selbst

In Szene 7 stellt Woyzeck Marie auf der Straße zur Rede und es wird deutlich, wie ihm auch hier die Sprache fehlt, seinen Gedanken und Empfindungen Ausdruck zu verleihen. Er fühlt sich nicht in der Lage, Marie im Gespräch zu überführen. Er müsste ihr Unrecht sehen, er müsste es greifen können mit den Händen! Aufgrund seiner Unbeholfenheit gewinnt Marie in der verbalen Auseinandersetzung rasch die Oberhand. Szene 8 zeigt Woyzeck als Objekt eines Menschenversuchs im Dienste der Wissenschaft (vgl. dazu: 6. Interpretation, S. 63 ff.): als jemanden, der nicht einmal mehr das Recht hat, zu urinieren, wenn ihm danach ist. Er ist so arm, dass er nicht nur seine Arbeitskraft, sondern auch seinen Körper und seinen »freien Willen« (von dem der Doktor verlangt, dass er ihn vertragsgemäß einsetze, also seinen Harndrang zurückhalte) verkauft hat. Der Doktor vergleicht ihn, beiläufig und bedenkenlos, mit einem Hund. Auf des Doktors wissenschaftlich verbrämte Vorhaltungen hin versucht sich Woyzeck wiederum zu rechtfertigen, indem er selbst zu einer quasi-philosophischen Erklärung anhebt, mit der er sofort stecken bleibt; sehr zum Vergnügen des Doktors, der ihm eine schön ausgeprägte Geistesverwirrung bescheinigt. Auf solche Weise als Labortier und interessanter Irrer wahrgenommen zu werden trägt wesentlich zu Woyzecks Psychose bei, die im Übrigen auch durch das Ernährungsexperiment, dem Woyzeck unterzogen wird, mitverursacht erscheint.

Szene 9 zeigt, wie Woyzeck durch den boshaft geförderten Verdacht gegen Marie der Boden unter den Füßen weggezogen wird: »Herr Hauptmann, ich bin ein armer Teufel, – und hab sonst nichts – auf der Welt Herr Hauptmann, wenn Sie Spaß machen – «. Seine Verzweiflung macht sich sofort in einem gewalttätigen Bild Luft: Er äußert die »Lust«, einen Kloben, einen eisernen Haken, in den »schönen, festen grauen Himmel« (der also verschlossen, undurchschaubar ist) einzuschlagen und sich daran aufzuhängen. (Dieses Bild bestätigt den Eindruck, dass er den Boden unter den Füßen verloren hat.) Noch wendet sich die Gewaltphantasie gegen sich selbst. Später wendet sich die Gewalt gegen Marie. Dass sie sich nicht gegen diejenigen wendet, die ihn ausnutzen und vorsätzlich quälen, versteht sich nach Lage der geschilderten Verhältnisse von selbst.

Aggression

Szene 10 knüpft inhaltlich an Szene 8 an. Woyzeck wird vom Doktor nun auch in größerer Runde – vor den Studenten eines Professors, für den er offenbar ebenfalls als Handlanger tätig ist – als menschliches Versuchstier vorgeführt und gedemütigt.

Szene 11 veranschaulicht Woyzecks innere Unruhe (»Ich muss hinaus«). In Szene 12 wird deutlich, wie Woyzeck an dem Anblick der mit dem Tambourmajor vor seinen Augen vorbeitanzenden Marie und ihrer ausgelassenen Selbstvergessenheit (»immer zu, immer zu«) innerlich erstickt. Zwanghaft wiederholt er Maries Ausruf, den er mit allgemeiner zügelloser Unzucht assoziiert, der ihn verfolgt und der sich ihm zu einer Aufforderung verwandelt, seine Geliebte zu töten (Szene 13). Erst mit dem Mord, als er immer wieder zusticht (Szene 20), löst sich diese Verkrampfung. Dass der Mord mit dem Messer, als Vergeltungsakt für den Beischlaf Maries mit einem anderen Mann, auch eine zerstörerische und verzweifelte Vergewaltigung darstellt, muss nach dem Vorangegangenen kaum gesagt werden. Die Szenen, die zwischen dem Augenschein des Betrugs und dem Mord liegen, zeigen Woyzeck im Bann seiner Zwangsvorstellung, Marie töten zu müssen (Szenen 13 und 14), bei einer weiteren Demütigung, diesmal öffentlich im Ringkampf mit seinem Nebenbuhler (15), beim Kauf der Mordwaffe (16) und in seiner namenlosen Armut (als er Andres seine wenigen Sachen vermacht, Szene 18). In Szene 19 holt er Marie ab. In all diesen Szenen wirkt er wie abgeschottet gegen seine Umwelt, nicht mehr wirklich ansprechbar. Er befindet sich in dem Tunnel, an dessen Ausgang er den Mord begehen wird. Auch diese Isoliertheit ist Symptom seiner Psychose.

Das selbstzerstörerische Verbrechen

Mit dem Mord an Marie nimmt Woyzeck, der Fremdbestimmte, sein Geschick in die eigene Hand. Auch Maries Untreue trägt zu seiner Fremdbestimmung bei: Nun ist er auch noch der Betrogene, der Hahnrei.

Das nimmt er nicht hin. Insofern ist der Mord an Marie auch ein Protest, ein Befreiungsschlag gegen die ihm von vielen Seiten auferlegten Zumutungen. Kennzeichnend ist, dass diese selbstbestimmte Handlung auch eine selbstzerstörerische ist, denn mit Marie verliert er das Geliebteste auf der Welt. Dieser Zwiespalt kennzeichnet auch die nachfolgende Wirtshaus-Szene (22). Unter dem Eindruck seiner Mordtat verhält sich Woyzeck fieberhaft dominant, singt ein Lied, kommandiert Käthe herum, macht es sich bequem, droht ihr – für sie natürlich nicht erkennbar – mit dem Schicksal Maries (»du wirst auch noch kalt werden«) und fordert sie ganz herrenmäßig auf, ihm ein Lied vorzusingen. Diese Pose fällt aber sogleich in sich zusammen, als Käthe entdeckt, dass er blutbefleckt ist. Als entlarvter Mörder flieht er die menschliche Gemeinschaft, in der er sich eben angeschickt hatte, einmal eine andere Rolle als die des geschlagenen Hundes einzunehmen. Die Szenen 24 und 25 zeigen ihn allein, am Tatort mit der Leiche und am Teich, die Mordwaffe beseitigend. Dass er die Strafverfolgungsinstanzen nicht wird täuschen können, braucht nicht mehr gezeigt zu werden. Die vorletzte Szene deutet an, dass Woyzecks Ausbruch aus den ihm auferlegten Zwängen rasch beendet sein wird. Die Exekutive (der Polizeidiener), die Judikative (der Richter) und vielleicht auch die öffentliche Meinung (der Barbier, in seiner Funktion als Streuer von Nachrichten und Stimmungen) finden sich zusammen, um die Tat zu klassifizieren. Die Vertreter der Gesellschaft haben die Sache, und wohl bald auch den Täter, mühelos wieder im Griff. Dieser ist am Ende von allen verlassen, wie die Schlussszene zeigt: Auch sein eigenes Kind wendet sich angstvoll von ihm ab.

Marie Zickwolf. Maries Schicksal ist eng mit dem Woyzecks verknüpft. Ihre Untreue lässt den seelisch kranken Woyzeck endgültig die Kontrolle über sich verlieren. Als Folge ihrer Untreue wird sie das Opfer von Woyzecks Mordtat.

Gleich ihr erster Auftritt in der zweiten Szene liefert entscheidende Hinweise auf ihre Lage. Sie muss den Hohn der Nachbarin wegen ihres unehelichen Zusammenlebens mit Woyzeck und ihres gemeinsamen Kindes über sich ergehen lassen. Woyzeck selbst ist in seiner Psychose gefangen. Sie erreicht ihn nicht. Er macht ihr Angst. Unter diesen Bedingungen ist es nicht verwunderlich, dass der eitle und selbstgewisse Tambourmajor Eindruck auf sie macht. Zum Abschluss der Jahrmarkt-Szene (Szene 3) signalisiert sie ihm ihr Interesse. Dass sie für Äußerlichkeiten, eine imponierende Gestalt, reiche Kleidung, Schmuck, empfänglich ist, zeigen die Szenen 2 bis 4. In der vierten Szene weckt das Werbegeschenk des Tambourmajors, die Ohrringe, Sehnsüchte nach einer glänzenderen Existenz und das Gefühl, dass ihr eine solche aufgrund ihrer Attraktivität auch zusteht. Als Woyzeck hinzukommt und seinen kargen Lohn abliefert, dessen Höhe in krassem Kontrast zu solchen Träumen steht, ist Marie dennoch beschämt. Sie hält sich für schlecht. Dieses Urteil wird ihr allerdings zum Anlass, nun auch keine Rücksichten mehr zu nehmen.

Marie und der Tambourmajor

Szene 6 bringt in größter Gedrängtheit den Charakter des Verhältnisses zwischen Marie und dem Tambourmajor zum Ausdruck. Sie bewundert seine Erscheinung, durchschaut jedoch gleichzeitig seine Eitelkeit. Des Tambourmajors derb-sinnliche Huldigungen und seine Selbstgefälligkeit verstimmen und erregen sie zugleich. Diese zwiespältigen

Maries Ambivalenz

Gefühle (Ambivalenz) führen wiederum dazu, dass ihrer Hingabe etwas Fatalistisch-Resignierendes eignet: Er ist erkennbar nicht der Richtige, aber doch in der Lage, sie auf Augenblicke aus ihrer Misere herauszureißen.

Szene 7 bildet den Kontrapunkt zu Szene 6: Nach dem Stelldichein mit dem auch in seiner Ausdrucksweise vor Selbstbewusstsein strotzenden Tambourmajor wird Marie von einem nach Worten ringenden Woyzeck zur Rede gestellt. Ist sie anfangs bereit, auf ihn einzugehen – »(verschüchtert). Was hast du Franz?« –, so fährt sie ihm bald über den Mund. Auch hier spielt Ambivalenz hinein: Sie hat Mitleid mit Woyzeck, aber ihr durch den Tambourmajor geweckter Stolz verbietet ihr, sich dem verstörten Mann unterzuordnen. Angesicht in Angesicht mit Woyzeck zeigt sie, dass sie ihn nicht mehr achtet. Damit ist der Graben unüberbrückbar.

Folgerichtig zeigt die nächste Szene, in der Marie auftritt, diese in den Armen des Tambourmajors, vor den Augen der Öffentlichkeit im Wirtshaus tanzend und die kurzen Momente der Selbstvergessenheit, die dieser Liebhaber ihr bieten kann, in fast zwanghaft forcierter Weise auskostend (Szene 12). Dass sie in Szene 17 von Reue durchdrungen ist, sich mit auf ihr Fehlverhalten passenden Bibelstellen und mit dem Anblick ihres Kindes quält, sich schließlich Gedanken darüber macht, dass Woyzeck ausgeblieben ist, könnte darauf deuten, dass sie das Gewesene ungeschehen machen und wieder zu Woyzeck zurückkehren möchte. Was sie nicht wissen kann, hat der Zuschauer in der Szene zuvor jedoch miterlebt: Woyzeck hat bereits die Tatwaffe gekauft. In der nachfolgenden Szene macht Woyzeck gewissermaßen sein Testament: Dramaturgisch wirkungsvoll ist so Maries

Reue von zwei Szenen umklammert, die Woyzecks Entschlossenheit zum Mord schildern. Dass Maries Bedauern weniger neue Hoffnungen als tiefe Trostlosigkeit freisetzt, zeigt sich am Ende der Szene: Ihre Klage »Alles tot!« bringt zum Ausdruck, dass auch sie sich, ungeachtet ihres Kindes, von allen verlassen fühlt. Diese Klage durchzieht auch das von der Großmutter in Szene 19 erzählte Märchen. Das »arm Kind«, von dem dort die Rede ist, lässt sich so auch auf Marie beziehen. Kurz darauf kommt Woyzeck, um sie zu ihrem letzten gemeinsamen Gang abzuholen.

Die Figur der Marie zeigt, wie die Verhältnisse es den armen Leuten unmöglich machen, Solidarität zu üben und aneinander Halt zu finden. Woyzeck ist durch seine Drangsalierung durch diejenigen, die die gesellschaftliche Macht ausüben, so deformiert, dass er sich Marie nicht mehr zuwenden kann. Infolgedessen wendet sie sich ab und leitet damit seine für beide zerstörerische Gegenreaktion in die Wege.

Andres. Die Charaktere von Dramenfiguren entfalten sich für den Zuschauer im Wesentlichen über *Äußerungen*: über Eigenkommentare der Figur ebenso wie über Fremdkommentare. Natürlich spielt auch das *Handeln* der Figuren eine wichtige Rolle für die Beurteilung ihres Charakters. Jedoch ist auch das Handeln in Theaterstücken über weite Strecken wiederum sprachliches Handeln. Über diese zentralen Aspekte hinaus sind die Möglichkeiten des Dramatikers, seine Figuren zu charakterisieren, begrenzt. Er kann sich nicht erläuternd einschalten, sondern muss alles durch die Figuren und durch den Ablauf der Geschehnisse deutlich werden lassen. Aber er kann ein bezeichnendes Licht auf eine Figur werfen, indem er eine andere Figur als *Kontrast* zu der ersten

Andres als Kontrastfigur zu Woyzeck

einführt. In dieser Weise beleuchtet Büchner mit Hilfe von Woyzecks harmlosem Kameraden Andres die Verstörtheit der Hauptfigur. Bezeichnenderweise durchleidet Woyzeck in den ersten drei der vier Szenen (1, 11, 14 und 18), in denen Andres mit ihm auf der Bühne ist, besonders schwere psychotische Krisen. Andres wird in den Szenen 1 und 11 als ein Singender eingeführt. Der Gesang ist Zeichen seiner Gutartigkeit. (Der Volksmund weiß: Schlechte Menschen kennen keine Lieder.) Doch in beiden Szenen verstummt der Gesang, weil Woyzecks Ängste und innere Unruhe auch Andres anstecken. In seiner dritten Szene (14) kann Andres nicht singen, denn es ist Nacht und er schläft. Dass er mit Woyzeck das Bett teilt, veranschaulicht sowohl ihre Vertrautheit wie auch beider Armut. Woyzecks Mitteilungen über die Stimmen, die ihn bedrängen, deutet Andres als Fieberträume, als Vorboten einer Krankheit. Ob das eine Schutzbehauptung ist, weil Andres sich mit dem ihm unheimlichen Zustand, in dem Woyzeck ist, nicht auseinander setzen möchte, bleibt offen. Wenn dies eine Abwehrhaltung ist, so setzt sie sich in Szene 18 fort, als Woyzeck erkennbar mit dem Leben abschließt und Andres ihm wiederum zuredet, dass er nur eine Krankheit durchmacht. Dass Woyzeck Andres seinen armseligen Besitz schenken möchte, zeigt, dass Andres der Mensch ist, der ihm nach Marie (die Woyzeck verloren hat) am nächsten steht. Dass dieser ihm nächste Mensch nicht in der Lage ist, ihm zu helfen, akzentuiert scharf Woyzecks Verlassenheit.

Warum Andres die geistige Selbstständigkeit und der Antrieb zu eigenem Handeln fehlen, die ihn vielleicht befähigen würden, seinen Kameraden Woyzeck aus dessen Isolation und Psychose zu befreien, wird auch angedeutet. Alfons Glück hat zutreffend darauf hingewiesen, wie sehr Woyzeck, und mehr noch Andres, der »wie abgeschaltet« wirke, durch den militärischen Drill »auch seelisch deformiert sind, degradiert zu Automaten, Robotern« (vgl. 11. Lektüretipps, Glück, S. 190f.). Dies sei ein Hauptgrund ihrer Passivität und zeige sich besonders an dem stereotypen »Ja wohl«, diesem »Hauptwort der Subordination« (Unterordnung), das sich noch in das Gespräch der Kameraden untereinander einschleiche (vgl. Szene 18). Damit werde exemplarisch deutlich, wie »die psychische Mechanisierung« der Unterdrückten in deren persönliche Beziehung zueinander eindringe und ihre Kommunikation deformiere.

Andres als Korrespondenzfigur

Dass Andres unfähig ist, Woyzeck beizustehen, ist demzufolge das direkte Resultat seiner Zurichtung durch die Gesellschaft. Da Woyzeck und Andres gleichermaßen zugerichtet sind, fungiert Andres in dieser Hinsicht nicht als Kontrast-, sondern als Korrespondenz(Entsprechungs)figur zu Woyzeck.

Der Tambourmajor als Kontrastfigur

Der Tambourmajor. Der Tambourmajor ist eine weitere Kontrastfigur zu Woyzeck. Während es Woyzeck an Selbstbewusstsein fehlt, verfügt der Tambourmajor über ein Übermaß an Selbstgefühl. »Er steht auf seinen Füßen wie ein Löw«, ist Maries erster Eindruck (Szene 2). Woyzeck hingegen gerät der Boden unter seinen Füßen fortwährend ins Wanken. Der Tambourmajor, der Angeber und Sexualprotz, der nur aus Äußerlichkeit besteht und den nur Äußerlichkeiten anziehen, triumphiert über Woyzeck, den manisch auf sein verstörtes Innenleben Fixierten: zuerst, indem er ihm Marie wegnimmt (Szenen

3 und 6), und schließlich auch im direkten Ringkampf (Szene 15).
Anzeichen der Äußerlichkeit des Tambourmajors ist seine militärische Funktion: Er marschiert dem Spielmannszug voran und tritt somit, immer weithin sichtbar, vor allem bei Paraden und anderen repräsentativen Anlässen in Erscheinung. Ein weiteres Anzeichen seiner Äußerlichkeit ist der Umstand, dass er im Stück namenlos bleibt. Insofern ist er als ein flacher Charakter einzuordnen, wenn überhaupt man noch von einem Charakter sprechen möchte. Auch bei ihm hat der militärische Dienst, wie bei Woyzeck und Andres, viel von seiner Persönlichkeit unterdrückt. Jedoch geht er in dieser Zurichtung auf: Sie macht ihn stark, während sie die anderen beiden schwächt. Das Militärische scheint ihn erst richtig zur Geltung zu bringen, während es Woyzeck und Andres unkenntlich zu machen droht. Aus demselben Grund aber erscheint nicht nur Woyzeck, sondern auch der nur in wenigen Szenen und zudem verhalten agierende Andres charakterlich individualisiert: Der Zuschauer spürt, dass in Andres Möglichkeiten schlummern, die das Militärische verschüttet hat. Der Tambourmajor weist solche verborgenen Seiten, die ihn zu einem runden Charakter machen würden, nicht auf.

Der flache Charakter

Der Hauptmann. Für sich genommen ist der Hauptmann eine kümmerliche Gestalt. Er ist müßig – er liegt im Fenster und schaut den Frauen nach (vgl. Szene 5) –, »aufgedunsen, fett« und insofern vom Schlaganfall bedroht (der Doktor über den Hauptmann, Szene 9), schreckhaft um seine Gesundheit besorgt und auch vor dem Feind alles andere als tapfer gewesen (vgl. seinen Eigenkommentar am Ende der

Szene 9). Dass er nicht über den Rang eines Hauptmanns hinausgekommen ist, wird mit diesen mittelmäßigen Anlagen zusammenhängen. Der Bedrohung, die eine fortschreitende Modernisierung der Gesellschaft auch für ihn bedeutet, begegnet er mit einer philosophischen Attitüde, die aber inhaltlich völlig unzulänglich bleibt und über einen wichtigtuerischen Idealismus nicht hinausreicht. Dabei stützt er sich auf konservative Werte wie Tugend, Moral und den Segen der Kirche.

Vermeintliche Überlegenheit

Bezogen auf Woyzeck veranschaulicht die Figur des Hauptmanns, dass sich die Obrigkeit auch noch in ihrer jämmerlichsten Erscheinungsform jederzeit mit Selbstverständlichkeit das Recht anmaßt, die ihnen Untergeordneten zu drangsalieren und zu verhöhnen. Der Hauptmann zieht sein Gefühl der Überlegenheit wesentlich aus der Herablassung, mit dem er Woyzeck behandelt. Dass er zu Woyzeck sagen kann, er sei »abscheulich dumm« (Szene 5), wird ihm zum Beweis seiner eigenen Klugheit, die er anders unter Beweis zu stellen nicht in der Lage ist. Zwar gibt er sich gerne gemütlich und »menschlich«; aber man darf nicht übersehen, dass diese gemütliche Herablassung »die völlige Entmündigung des andern« schon voraussetzt (Glück, S. 207) und dass diese Gemütlichkeit jederzeit bedenkenlos bereit ist, in Grausamkeit umzuschlagen: Es ist der Hauptmann, der Woyzecks Verdacht, dass Marie ihn betrüge, boshaft Nahrung gibt und der auf diese Weise dafür sorgt, dass Woyzeck vollends die Balance verliert.

Der Doktor. Wie der Hauptmann und der Tambourmajor bleibt auch der Doktor namenlos. Er existiert im

Stück nur in Ausübung seines Berufes, den er als Berufung betrachtet. Sein ehrgeiziges Ziel ist, die Wissenschaft zu revolutionieren, sie in die Luft zu sprengen (Szene 8). Woyzeck ist ihm dabei ein Mittel zum Zweck, kein Patient, sondern ein Versuchstier, nicht viel mehr als ein Ding. Das Verhalten, das der Doktor Woyzeck gegenüber an den Tag legt, ist getränkt von Hochmut und Geringschätzung. Dass er sich über Woyzecks Unvermögen, seinen Harn zu halten, aufregt, ärgert ihn vor allem deshalb, weil Woyzeck durch seinen Ärger aufgewertet wird. »Behüte wer wird sich über einen Menschen ärgern, einen Menschen!«, meint er zynisch und bringt zum Ausdruck, dass ihm ein Mensch weniger bedeutet als ein »Proteus« (gemeint ist wohl eine froschartige Eidechse). Auch im Umgang mit dem Hauptmann stellt er diesen Zynismus unter Beweis (vgl. Szene 9). Zudem ärgert er sich über seinen Ärger, weil dieser nicht zu seinem Selbstbild als kaltblütigem Wissenschaftler passt. Die Bemühung, diesem Selbstbild zu entsprechen, fördert noch das Verschwinden seiner Persönlichkeit hinter der beruflichen Existenz.

Das Selbstbild des Doktors

Wie sich Georg Büchner für die Figur des Hauptmanns Anregungen aus dem Kreis seiner militärischen Verwandten geholt haben könnte, so scheint die Figur des Doktors in charakteristischen Zügen auf den Botaniker, Zoologen und Anatom Johann Bernhard Wilbrand (1779–1846) zurückzugehen, den Büchner während seines Gießener Medizinstudiums als Universitätslehrer kennen gelernt hatte. Die Anlehnung an einen historisch verbürgten Wissenschaftler unterstreicht die Authentizität der Figur und der von ihr vertretenen Ideen.

Johann Bernhard Wilbrand als äußerliches Vorbild der Figur

4. Werkaufbau

Über den Aufbau des *Woyzeck* kann man nicht sprechen, ohne zumindest kurz auf die Textkonstituierung und somit auf die Editionsgeschichte des Werkes einzugehen. Mit Textkonstituierung ist hier gemeint, dass ein unvollendet gebliebenes oder unvollendet überliefertes Werk von einer anderen Person als dem Autor in eine Form gebracht wird, die den Absichten des Autors so nahe wie möglich kommen soll. Die Editionsgeschichte ist in diesem Sinne die Abfolge mehrerer Ausgaben desselben Werkes von verschiedenen Herausgebern, die aufgrund ihres unterschiedlichen Kenntnisstandes zu verschiedenen Auffassungen darüber gelangt sind, in welcher Form das Werk zu präsentieren sei. Wenn im Folgenden vom Aufbau des *Woyzeck* die Rede ist, ist demnach immer in Rechnung zu stellen, dass wir nicht genau wissen, ob Büchner sich sein Drama in der Abfolge der Einzelszenen tatsächlich genau so gedacht hat, wie es sich uns in der zugrunde gelegten Fassung des Werkes darstellt.

Textkonstituierung und Editionsgeschichte

1. Zur Geschichte der *Woyzeck*-Ausgaben

Ein halbes Jahr nach Georg Büchners frühem Tod im Februar 1837 schickte seine Verlobte Wilhelmine Jaeglé dem Schriftsteller Karl Gutzkow Abschriften von unveröffentlichten Werken Büchners. Gutzkow, der schon für die Veröffentlichung von Büchners einzigem zu Lebzeiten gedruckten literarischen Werk, *Dantons Tod*, gesorgt hatte, sollte sich um die Publikation dieser Werke (*Leonce und Lena* und *Lenz*) kümmern. Die *Woyzeck*-Fragmente fehlten in dieser Sendung. Vermutlich hatte Wilhelmine Jaeglé den Eindruck, dass die vorhandenen Teile in sich zu unfertig und als Ganzes nicht geschlossen genug waren.

Auch Georg Büchners Bruder Ludwig verzichtete, als er 1850 seine Ausgabe der *Nachgelassenen Schriften* Georg Büchners herausbrachte, auf den *Woyzeck*. Neben der außerordentlichen Schwierigkeit, Büchners *Woyzeck*-Handschriften zu entschlüsseln, scheinen bei dieser Entscheidung auch inhaltliche Bedenken eine Rolle gespielt zu haben. Infolgedessen wurde das Drama erst vier Jahrzehnte nach seiner Entstehung veröffentlicht. Der österreichische Schriftsteller Karl Emil Franzos hatte Georg Büchners Nachlass nochmals gesichtet und dabei auch die *Woyzeck*-Fragmente entziffert und geordnet. Die von ihm hergestellte Fassung des Stücks erschien erstmals 1878 in einer literarischen Zeitschrift und dann 1880 in der Werkausgabe *Sämmtliche Werke und handschriftlicher Nachlass*. Nach dem heutigen Stand der Forschung enthält diese Fassung viele Mängel. Schon der Titel, *Wozzeck*, ist ein Lesefehler. Im Übrigen ist er zudem eine Erfindung von Franzos, denn Georg Büchners Manuskripte weisen keinen für das Stück geplanten Titel aus und auch seine Briefe geben keinen Aufschluss darüber, wie er das Drama nennen wollte. Man sollte darüber aber das große Verdienst dieser Ausgabe nicht übersehen: Ohne sie wüssten wir möglicherweise bis heute nichts von diesem Drama, und die moderne Dramatik, die von kaum einem anderen Theaterstück ähnlich beeinflusst worden ist, hätte sich vermutlich in Teilen anders entwickelt. Büchner, dessen Begeisterung auslösende Entdeckung am Ende des 19. Jahrhun-

Wozzeck

derts wesentlich an die Werkausgabe von Franzos geknüpft ist, wäre heute vielleicht ein weithin vergessener Autor.

Erst in den Jahren nach 1920 erschienen weitere Ausgaben (Georg Witkowski, Fritz Bergemann), die unter anderem für den Titel die korrekte Lesung *Woyzeck* einführten und die Aufeinanderfolge der Szenen, die bei Franzos aus heutiger Sicht schlecht begründet war, stimmiger organisierten. Diese Fortschritte wurden später (in der zweiten Auflage der Ausgabe von Bergemann aus dem Jahre 1926) jedoch verhängnisvollerweise wieder zurückgenommen, was zur Folge hatte, dass für die nächsten Jahrzehnte eine Fassung des Stücks verbreitet, aufgeführt und in Schulen und Universitäten interpretiert wurde, die so nicht haltbar ist. Erst die historisch-kritische Ausgabe von Werner R. Lehmann von 1967 lieferte neue, verbesserte Einsichten. Ihr folgten die Editionen von Gerhard Schmid (1981), Karl Pörnbacher und anderen (Münchner Ausgabe, 1988), Thomas Michael Mayer (1990), Henri Poschmann (1992) sowie Burghard Dedner und Gerald Funk (2005). Auch diese Ausgaben unterscheiden sich noch voneinander, sind sich aber in wesentlichen Punkten über die plausibelste Abfolge der Szenen einig.

2. Textkonstitution

Strittig auch zwischen den neueren Ausgaben sind nach wie vor die korrekten Lesungen vieler Wörter. Aufgrund des Zustands der Manuskripte, vor allem aber aufgrund der schweren Leserlichkeit und mancher Eigentümlichkeit von Büchners Handschrift ist auch bei genauester Untersuchung der Wörter nicht immer zu entscheiden, welche Buchstaben

Entschlüsselung der Handschrift

dastehen und welche nicht. Den Handschriftenbefund haben vor allem die Herausgeber der Münchner Ausgabe sowie Henri Poschmann dahingehend ausgelegt, dass das Stück in hessischem Dialekt (mit zahlreichen Schwundstufen in den Endsilben der Wörter) geschrieben und folglich auch wiederzugeben sei. Allerdings hat Else Bockelmann in einer Untersuchung aus dem Jahre 1991 gezeigt, dass die zeitgleich mit dem *Woyzeck* ausgearbeiteten philosophischen Vorlesungen Georg Büchners über Descartes und Spinoza die nämlichen Wortverschleifungen aufweisen. Dass aber Büchner an der Universität Zürich Vorlesungen in hessischer Mundart habe halten wollen, ist wenig wahrscheinlich. Zudem sieht es so aus, als habe Büchner manche offenbar bewusst eingeflochtenen Dialektausdrücke sorgfältiger geschrieben, was zusätzlich gegen eine grundsätzliche Verwendung des Dialekts spricht.

Für den Werkaufbau ist jedoch die Anordnung der Szenen entscheidender als die Wortebene. Vier Manuskriptteile sind überliefert, die nach den üblichen Gepflogenheiten der Editionswissenschaft die Bezeichnungen H1 (= Handschrift 1), H2, H3 und H4 erhalten haben.

Die vier Teilmanuskripte

H1 besteht aus einer Folge von 21 teilweise nur angedeuteten, teilweise bereits ausgearbeiteten Szenen. Die Hauptpersonen heißen noch Louis und Margreth. Ihre alltäglichen Verhältnisse werden kaum dargestellt; ebenso wenig die Verführung Margreths, hier noch durch einen Unteroffizier. Der Schwerpunkt liegt auf der unmittelbaren Vorgeschichte des Verbrechens: wie sich in Louis die Mordphantasien ausbreiten und wie er die Tat vorbereitet. Diese Handlungssequenz liegt als geschlossene Szenenfolge vor.

H2 ist wohl nach H1 entstanden und enthält neun, mehrheitlich neue, Szenen. Diese zeigen Woyzeck und Louise, wie sie nun heißen, in ihrem sozialen Umfeld. Neu sind die Figuren des Hauptmanns und des Doktors, mit denen Woyzecks Dienstverhältnisse anschaulich gemacht werden.
H3 besteht aus nur zwei Szenen: »Der Hof des Professors« und »Der Idiot. Das Kind. Woyzeck« (vgl. die Szenen 10 und 27 der diesem *Lektüreschlüssel* zugrunde liegenden Edition des Stücks).
H4 enthält 17 Szenen. Sie folgt der Szenenfolge aus H2, die um drei neue Szenen erweitert ist, und endet mit der Szene, in der Woyzeck Andres seine wenigen Habseligkeiten vermacht (vgl. Inhaltsangabe).

Warum der Entwurf an dieser Stelle abbricht, ist natürlich nicht mit Sicherheit zu beantworten. Immerhin ist damit zu rechnen, dass der zweite Teil von H4 – bzw. weitere Entwürfe oder eine endgültige Reinschrift des Dramas – verloren gegangen ist. Viel spricht andererseits dafür, dass Georg Büchner das Manuskript nicht fortsetzte, weil ihm mit den Schlussszenen von H1 bereits das Dramenende in einer zusammenhängenden und ausgearbeiteten Fassung vorlag. Die neueren Ausgaben gehen von dieser Annahme aus.

Fehlende Endfassung

3. Offene oder geschlossene Form?

Strittig ist dagegen die Frage, wie mit den beiden Szenen aus H3 umzugehen sei. Besonders im Falle der Professor-Szene ist es schwierig, ihren beabsichtigten Platz im Stück auszumachen. Fügt man sie vor der Wirtshaus-Szene (Szene 12) ein und hält man es für plausibel, dass Woyzeck neben seinem Dienst als Soldat an einem Tag gleich drei Nebentätigkeiten nachgehen kann – beim Hauptmann (Szene 5), beim Doktor (Szene 8) sowie beim Professor (Szene 10) –, so ergibt sich eine geschlossene und eng verzahnte Szenenfolge, die in überraschendem Kontrast zu der seit Beginn der *Woyzeck*-Rezeption vorherrschenden Vorstellung steht, das Stück sei geradezu der Paradefall einer lose geknüpften Szenenfolge, oder, um es auf den gängigen literaturwissenschaftlichen Begriff zu bringen: ein Modell der offenen Form des Dramas. Eine solche offene Form boten zweifellos die ersten *Woyzeck*-Fassungen. So war man lange gewohnt, das Stück mit der fünften Szene beginnen zu sehen, in der Woyzeck den Hauptmann rasiert. Auch Alban Bergs Oper *Wozzeck* aus dem Jahre 1925 fängt entsprechend mit dieser Episode an. Ein ganz anderes Bild bietet die hier zugrunde gelegte Ausgabe. Die dramatische Handlungsfolge von Untreue, Eifersucht und Verbrechen scheint hier aufs Äußerste zusammengedrängt:

Engführung der Handlungsabfolge

Die ersten drei Szenen (Andres und Woyzeck schneiden Stöcke, Marie beobachtet den Zapfenstreich, Jahrmarkt) spielen sich demzufolge an einem Abend ab. Die Szenen 4 bis 8 (Woyzeck besucht Marie, rasiert den Hauptmann; Marie trifft den Tambourmajor, Woyzeck stellt sie zur Rede; Woyzeck beim Doktor) fallen auf den nächsten Vormittag; die Szenen 9 (die zweite Hälfte dieser Szene weist in H4 eine Lücke auf, die durch Text aus der entsprechenden Szene in H2 zu ergänzen ist, um eine schlüssige Handlungsfolge zu gewährleisten, vgl. Reclam-Ausgabe 22,6–23,35) bis 13 (der Hauptmann und der Doktor bestärken Woyzeck in seinem Verdacht, Woyzeck assistiert dem Professor und wird den Studenten vorgeführt, verlässt später die Wachtstube, beobachtet den Tambourmajor und Marie beim Tanz, hört Stimmen, die ihm den Mord einflüstern) auf den Nachmittag und Abend und die Szene 14 (Woyzeck weckt Andres) auf die Nacht desselben Tages. Die Szenen 15 bis 18 (der Tambourmajor demütigt Woyzeck vor Zuschauern, Woyzeck kauft die Mordwaffe, Marie liest in der Bibel, Woyzeck übermacht Andres seinen Besitz) spielen während des darauf folgenden Tages. Gegen Abend holt Woyzeck Marie ab (Szene 19) und ersticht sie (Szene 20). Es kommen Leute (Szene 21). Woyzeck zeigt sich blutbefleckt im Wirtshaus (Szene 22). Indessen laufen die Kinder zum Tatort hinaus (Szene 23), wo Woyzeck nach dem Messer sucht (Szene 24), das er in den Teich wirft (Szene 25). Der Mord wird kommentiert (Szene 26). Woyzeck versucht vergeblich, noch einmal Kontakt zu seinem Kind aufzunehmen (Szene 27). Nach dieser Berechnung spielt sich die Handlung des Stücks innerhalb eines Zeitrahmens von gut 50 Stunden ab.

Betrachtet man das als plausibel, so ergeben sich für das Stück Bauprinzipien, die Burghard Dedner unter die Stichworte »Hetze« und »Tendenz zur Simultaneität« gefasst hat. Dass Woyzeck einen gehetzten Eindruck macht, spricht der Hauptmann in der fünften Szene offen (und gehässig) aus. Dass Woyzeck – aufgrund seiner inneren Verfassung ebenso wie aufgrund seiner dienstlichen Pflichten, schließlich auch aufgrund seines Verdachtes gegen Marie – tatsächlich gehetzt ist, zeigen ferner Abgangsformeln wie »Wir müssen fort«, »Ich muss fort«, »Ich muss hinaus« (Szenen 1, 4 und 11). Simultan angelegte Szenen verstärken diese Wirkung: Die Dinge entwickeln sich nicht in gemächlichem Fluss, sondern überstürzen sich. Um auf der Höhe des rasch voranstür-

Hetze

Tendenz zur Simultaneität

menden Geschehens zu bleiben, müsste der Zuschauer an mehreren Orten gleichzeitig sein, was sich aber aus bühnentechnischen Gründen nur in aufeinander folgenden Szenen realisieren lässt. So sieht Marie gleich am Anfang des Stücks den Zapfenstreich vor ihrer Wohnung vorüberziehen (Szene 2), dessen Trommeln Woyzeck und Andres draußen vor der Stadt gehört haben (Szene 1). So hören Leute, die am Tatort vorbeikommen (Szene 21), die Schreie von Maries Todeskampf (Szene 20). So hält sich Woyzeck nach der Tat vermutlich zur gleichen Zeit im Wirtshaus auf (Szene 22), zu der sich die Nachricht vom Mord in der Stadt verbreitet (Szene 23). Und so wird vermutlich die Tat besprochen, während Woyzeck noch einmal sein Kind aufsucht (Szenen 26 und 27).

Diese enge Verzahnung der Szenen entspricht zweifellos dem Stoff des Stückes und dem inneren Getriebensein seiner Hauptfigur stärker als die Annahme, der *Woyzeck* biete vereinzelte Szenen, Mosaiksteinchen und Schlaglichter auf eine geschundene Existenz.

Zuletzt ist zu fragen, welchen Erkenntniswert überhaupt die Unterscheidung zwischen geschlossener und offener Form hat. Gemeinhin gilt die offene Form als die modernere, weil der behandelte Konflikt in geschlossenen Dramen oft als bündiger Begründungszusammenhang präsentiert wird, als sei es möglich, Ursachen wie Wirkungen eines Geschehens im begrenzten Rahmen einer Bühnenhandlung darzustellen. Das aber halten die Anwälte des offenen Dramas angesichts der Kompliziertheit der modernen Welt für unrealistisch. *Woyzeck* markiert in dieser Hinsicht den Übergang vom traditionellen zum modernen Theater: Die Handlung weist an vielen Stellen (vgl. etwa das Ernährungsexperiment) über das Bühnengeschehen hinaus und erscheint dennoch als in sich geschlossen.

5. Wort- und Sacherläuterungen

9,5 ff. **den Streif da über das Gras hin …:** Die in der ersten Szene geschilderten Angstvisionen Woyzecks gehen auf die Gutachten des Gerichtsmediziners Clarus (vor allem auf das zweite Gutachten) zurück. Über »den Vorfall am Schlossberge in Graudenz« heißt es dort: »Er sei einst im Oktober Abends, ungefähr um sieben Uhr, aus der Festung Graudenz nach der eine halbe Stunde davon entlegenen Stadt gegangen, und habe da am Himmel drei feurige Streifen gesehen, die nachher wieder verschwunden seien. Als er sich umgesehen, habe er an der entgegengesetzten Seite des Himmels einen einzelnen ähnlichen Streifen gesehen, und dabei Glockengeläute gehört, was ihm unterirdisch geschienen hätte. Weil er sich nun damals immer noch mit dem Gedanken an die Freimaurer beschäftiget […].« (Zu den Bezügen zwischen den Gutachten und dem Stück vgl. auch die Interpretation, S. 57 ff.)

9,7 f. **er lag auf den Hobelspänen:** redensartlich für: gestorben sein. Das Sargkissen war in früheren Zeiten oft mit Hobelspänen gefüllt (vgl. auch 31,28 f.).

9,9 **Freimaurer:** international verbreiteter Geheimbund. Die erste deutsche Freimaurerloge wurde 1737 gegründet. Viele Menschen argwöhnten, die Freimaurer heckten in unterirdischen Versammlungsräumen (vgl. 9,18 f.) dunkle Machenschaften aus. Der historische Woyzeck gab im Verhör an, er habe »von reisenden Handwerksburschen allerhand nachtheilige Gerüchte über die Freimaurer gehört« (Clarus-Gutachten).

9,11–16 **Saßen dort … Rasen:** Teile der sechsten Strophe eines deutschen Volksliedes, gedruckt 1834 unter dem Titel *Welterfahrung*, aus dem sich das bekanntere Kinderlied herausbildete.

9,25 f. **Ein Feuer fährt um den Himmel und ein Getös herunter wie Posaunen:** vgl. Neues Testament [NT], Offenbarung des Johannes 8,5 f.

9,30 **Sie trommeln drin:** Anzeichen des beginnenden Zapfenstreichs.

10,4 **Zapfenstreich:** Abendsignal durch Trommel oder Flügelhorn (Trompete), auf das hin die Soldaten in ihre Quartiere zurückkehren; seinerzeit meist um neun Uhr abends.

Tambourmajor: Anführer der Tambours (Trommler) eines Infanterieregiments (Soldaten zu Fuß), im Rang eines Unteroffiziers. Bei Paraden und vergleichbaren Anlässen marschierte er an der Spitze der Trommler, denen er mit seinem Stock (wie ein Dirigent) Kommandos gab. Die weißen Handschuhe und der Federbusch auf dem Helm (vgl. 17,30) gehörten zu seiner Uniform und unterstrichen seine repräsentative Rolle.

10,16–18 **Jud ... verkaufe könnt:** Aufgrund der ihnen auferlegten beruflichen Beschränkungen waren ärmere Juden oft als Kleinhändler tätig (vgl. auch 29,25–30,10).

10,19 **Jungfer:** abschätzig für: unverheiratete Frau.

10,19 f. **honette Person:** achtbare, anständige Person.

10,22 **Luder:** Schimpfwort, insbesondere für Frauen mit vorgeblich unsittlichem Lebenswandel.

10,23 f. **Hurenkind:** uneheliches Kind.

10,24 f. **unehrliche Gesicht:** damals geläufiger Ausdruck für: uneheliche Abstammung.

10,26–31 **Mädel, was fangst du jetzt an ... nix dazu:** Variation einer Volksliedstrophe, die als Schlussstrophe gleich mehrerer Volkslieder bekannt ist.

11,1–6 **Hansel spann deine sechs Schimmel an ... muss es sein:** Variation des Liedes *Des Fuhrmanns Lust* (letzte Strophe).

11,3 **Haber:** Hafer.

11,9 **Verles:** abendlicher Zählappell des Militärs (Verlesen der Namen).

11,12 f. **steht nicht geschrieben ... vom Ofen?:** vgl. die biblische Schilderung vom Untergang von Sodom und Gomorrha: »und siehe! da ging ein Rauch auf vom Lande, wie ein Rauch vom Ofen« (Altes Testament [AT], 1. Mose, 19,28) (vgl. auch 9,25–27).

11,19 **vergeistert:** südhessisch für: verängstigt, außer sich vor Schreck.

12,5 **astronomische Pferd:** sternkundige Pferd.

12,5 f. **Kanaillevögele:** Kanarienvögel, scherzhaft verfremdet (Kanalje: südhessisch für: Schurke).

12,6 **Potentaten:** veralteter Ausdruck für absolutistisch regierende Fürsten.

12,7 **Societäten:** von frz. société: Gesellschaften.

12,13 **Rapresentation:** Repräsentation, hier: Vorführung.

12,13 f. **commencement:** (frz.) Anfang.

12,19 **Kompliment:** Höflichkeitsbezeugung als Gruß, in der Regel: Verbeugung.

12,30 **Quasten:** Fransen zur Verzierung von Kleidungsstücken.

12,34 f. **Kürassierregimentern:** Ein Kürassierregiment ist ein stark gerüstetes Reiterregiment (vgl. auch Anm. zu 22,10).

13,16 **Raison:** (frz.) Vernunft.

13,18 **gelehrten Société:** wissenschaftlichen Gesellschaft.

13,20 **Viehsionomik:** Verballhornung des Wortes »Physiognomik«, das »die Kunst« bezeichnet, »aus der äußeren Erscheinung des Menschen, besonders aus seinem Gesicht«, seine »Geistesbeschaffenheit zu erkennen« (Brockhaus von 1830). Ähnliche Verballhornungen finden sich bei Ludwig Tieck und Clemens Brentano.

13,22 **Bête:** (frz.) Tier.

13,30 f. **explicieren:** (frz.) veralteter Ausdruck für: erklären, erläutern.

14,12–15 **Mädel mach's Ladel zu … Zigeunerland:** in zahlreichen Varianten überliefertes Volkslied.

14,22 **Schlafengelchen:** Kinderschreck, eine dem ›Sandmann‹ ähnliche Figur.

16,2 **melancholisch:** schwermütig und damit auch: potenziell seelisch krank.

16,10 **Effekt:** Wirkung.

16,19 **ohne den Segen der Kirche:** unehelich. Um heiraten zu können, hätten Woyzeck und seine Verlobte jeweils 600 Gulden Vermögen nachweisen müssen, eine Summe, die ein einfacher Soldat nicht aufbringen konnte.

16,20 **Garnisonsprediger:** Militärgeistlicher am Truppenstandort.

16,24 f. **Der Herr sprach: … zu mir kommen:** vgl. NT, Markus 10,14.

16,33 f. **wenn wir in Himmel kämen, so müssten wir donnern helfen:** Zu Büchners Zeit war diese auf das Schicksal der einfachen Leute gemünzte Wendung geläufig. Sie lässt sich mehrfach auch in der Literatur nachweisen.

17,1 f. **den weißen Strümpfen so nachsehe:** Der Hauptmann schaut den Frauen hinterher. – Als rhetorisches Mittel heißt eine solche Wendung Synekdoche: Ein (Körper-)Teil steht für ein Ganzes ein.

17,12 **Anglaise:** (frz.) festlicher schwarzer Anzug für Männer, mit langen Schößen.

17,18 **Diskurs:** (frz. *discours*) Gespräch, Unterhaltung.

17,27 f. **stolz vor allen Weibern:** biblische Sprache, vgl. AT, Buch Judith 13,23: »Gesegnet bist du, Tochter, vom Herrn, dem höchsten Gott, vor allen Weibern auf Erden.«

17,29 f. **den großen Federbusch:** vgl. Anm. zu 10,4.

18,1 f. **Sapperment:** Kraftausdruck, zurückgehend auf: Sakrament.

18,15 f. **hirnwütig:** veralteter umgangssprachlicher Ausdruck für: toll, rasend, unsinnig.

18,19 f. **Keine Blase drauf?:** In Südhessen hieß es, wer einen Ausschlag am Mund hat, »der hodd 'n falsche Kuss kriggd«.

18,22 **im Fieber:** nicht so sehr: krank, als vielmehr: momentan verrückt (zeitgenössischer Sprachgebrauch).

18,24 **Dieweil:** Solange.

19,8 **Groschen:** »kleine Silbermünze«. Im territorial zersplitterten Deutschland waren viele verschiedene Währungen im Umlauf. Annähernd lässt sich sagen, dass der Doktor Woyzeck ebenso viel (bzw. wenig) zahlt, wie dieser für seinen Dienst als einfacher Soldat erhalten haben wird.

19,13 f. **Musculus constrictor vesicae:** (lat.) Blasenschließmuskel.

19,15 f. **in dem Menschen verklärt sich die Individualität zur Freiheit:** Behauptung, dass der Mensch als selbstbestimmter Einzelner in seinem Denken und Tun frei sei; hier als Ironisierung der zeitgenössischen idealistischen Philosophie (und Gerichtspsychiatrie) im Allgemeinen wie des Georg Büchner aus seinem Studium in Gießen bekannten Anatomieprofessors Johann Bernhard Wilbrand im Besonderen. Dieser lehrte, dass das Verdauungssystem unmittelbar »unter der Herrschaft des geistigen Lebens« stünde.

19,20 f. **Harnstoff, 0,10:** Der Harn besteht neben Wasser vor allem aus Harnstoff; der Sinn der beigefügten Mengenangabe ist unklar.

19,21 **salzsaures Ammonium:** Salz des Harns.
Hyperoxydul: Metallverbindung, die der Doktor offenbar im Harn Woyzecks nachzuweisen bemüht ist.

19,25 **mit Affekt:** mit heftigem Gefühl.

19,26 **Akkord:** (frz. *accord*) Vertrag.

19,27–29 **ich streckte grade die Nase … das Niesen zu beobachten:** Warum Sonnenstrahlen das Niesen verursachen, wird in Friedrich Arnolds Schrift *Der Kopftheil des vegetativen Nervensystems*, die Georg Büchner in seiner Doktorarbeit zitiert, folgendermaßen erklärt: »Auf gleiche Weise scheint helles Licht Niesen hervorzubringen, indem sich die Reizung der Blendungsnerven zu den mit ihnen verbundenen Nasennerven oder die des Sehnerven durch die Verbindung mit dem Nasenknoten auf dem obigen Wege zu dem nervus phrenicus fortpflanzt.«

19,35 **Proteus:** In Johann Bernhard Wilbrands *Handbuch der Naturgeschichte des Thierreichs* (Gießen 1829) Bezeichnung für eine froschartige Eidechse (vgl. Personen, S. 32).

20,10 **was von der doppelten Natur:** Zur alltäglichen Wahrnehmung der sichtbaren Natur tritt bei Woyzeck die visionäre Schau der Natur unter dem Einfluss seiner Angstvorstellungen (vgl. Szene 1). Dass Wahrnehmung und Erkenntnis, abhängig von den Voraussetzungen, wie ein Vexierbild schwanken können, bringt auch der Marktschreier mit seiner Rede von der »doppelten raison« zum Ausdruck (Szene 3; 13,16 ff.).

20,13 **Aberratio:** vgl. Anm. zu 20,18 f.

20,14/16 **Schwämme:** Pilze.

20,18 f. **Aberratio mentalis partialis, der zweiten Species:** (lat.) wörtlich: teilweise geistige Verirrung, der zweiten Unterart. Die wissenschaftliche Debatte um die Schuldfähigkeit des historischen Woyzeck entzündete sich an der Frage, ob bei Woyzeck ein »partieller Wahnsinn« vorliege.

20,20 f. **fixe Idee, mit allgemein vernünftigem Zustand:** Der gerichtlich bestellte Gutachter Clarus vermerkte, Woyzeck habe »einen Gedanken, den er einmal gefasst habe, nicht leicht wieder los werden können«. Eine fixe Idee galt vielfach als Vorstufe des Wahnsinns.

20,25 **ordentlich:** Dass Woyzeck »seine Geschäfte ordentlich besorgt habe«, war Clarus ein entscheidendes Indiz für dessen Schuldfähigkeit.

20,26 **Menage:** hier: Verpflegung und Versorgung der Soldaten, wofür ein Betrag vom Lohn abgezogen wurde. Da Woyzeck im Zuge des Experimentes nur Erbsen essen darf, kann er Marie das eingesparte Geld geben.

20,29 **Casus:** (lat.) Fall.
Subjekt: hier: Person in dienender Funktion.

21,16 f. **apoplektische Konstitution:** körperliche Verfassung eines zum Schlaganfall neigenden Menschen.

21,18 **Apoplexia cerebralis:** Gehirnschlag.
kriechen: südhessisch für: kriegen.

21,21 f. **fortvegetieren:** kümmerlich, kärglich (wie eine Pflanze) dahinleben.

21,30 f. **die Leute mit den Zitronen in den Händen:** Zitronen hatten bei Todesfällen und Begräbnissen mehrfache Funktionen: Man hielt sie dem Sterbenden unter die Nase, um festzustellen, ob er noch reagierte; sie dienten als Grabschmuck und sollten gegen Verwesungsgeruch schützen.

21,32 **Sargnagel:** südhessischer Ausdruck für jemanden, der andere »ins Grab bringt«.

22,3 f. **Exerzierzagel:** Zagel bezeichnet im militärischen Kontext den »Nachtrab«; vielleicht ist gemeint, dass der Hauptmann beim Exerzieren hinter seinen Soldaten herläuft.

22,10 **ein Regiment Kosaken:** Ein Regiment war seinerzeit eine militärische Truppeneinheit von etwa 500 Mann. Die Kosaken stammten aus den südöstlichen Gebieten des russischen Zarenreiches und galten als ›geborene‹ und besonders gefürchtete Soldaten.

22,12 **die langen Bärte:** Anspielung auf das äußere Erscheinungsbild der Kosaken.

22,14 **Plinius:** Der Doktor (oder Büchner) scheint hier den römischen Schriftsteller Plinius mit dem griechischen Geschichtsschreiber Plutarch zu verwechseln, demzufolge Alexander der Große seinen Soldaten verboten habe, Bärte zu tragen, weil sich die Gegner im Nahkampf daran festhalten könnten.

22,20 **Sapeur:** Pionier beim Militär, zuständig beispielsweise für den Bau von Schanzen und Brücken. Pioniere waren in der Regel besonders kräftige Soldaten.

23,17 **Kloben:** südhessisch für: starker eiserner Haken, zum Aufhängen schwerer Gegenstände geeignet.

23,24 **Phänomen:** auffallende, charakteristische Erscheinung.

23,26 **Schlegel:** südhessisch für: derber, ungehobelter Kerl (wörtlich: Schlägel).

23,31 **Courage:** (frz.) Mut.
Hundsfott: Schimpfwort.

24,5 f. **David ... Bathseba:** vgl. AT, 2. Samuel 11,2.

24,7 **culs de Paris:** (frz.) Polster, die die Frauen der damaligen Mode entsprechend unter den Röcken trugen.

24,15 **Centrum gravitationis:** eigentlich: »centrum gravitatis oder Schwerpunkt« (Brockhaus 1833–37).

24,25 **enfoncé:** (frz.) im übertragenen Sinn: überzeugend, verständlich.

24,26 **Ricinus:** lat. Gattungsname der Geflügel- oder Pelzlaus.

25,3 **Busen:** Brust.

25,6 **Allons frisch!:** (frz.) Auf geht's, frisch! (im Südhessischen gebräuchlich).

25,20–26,4 **Frau Wirtin hat 'ne brave Magd … Solda – ten:** Variante der vierten Strophe des Volkslieds *Das Wirthshaus an der Lahn.*

25,28 **dämpfen:** südhessisch für: dampfen, also: schwitzen.

26,4 **passt auf:** veralteter Ausdruck für: wartet auf.

26,19–21 **Ich hab ein Hemdlein an … nach Brandewein – :** Ob diese Liedzeilen auf ein Volkslied zurückgehen, ist unklar.

26,21 **Brandewein:** veraltete Form von: Branntwein.

26,22 **Bruder:** seinerzeit übliche vertrauliche Anrede, die kein Verwandtschaftsverhältnis anzuzeigen braucht.

26,30 **greinen:** leise und schmerzlich weinen.

26,31 **Bouteillen:** (frz.) Flaschen, im Südhessischen seinerzeit gebräuchliches Wort.

27,2–6 **Ein Jäger aus der Pfalz … ist mei Freud:** Variante des beliebten und seinerzeit weit verbreiteten Volksliedes *Ein Jäger aus Kurpfalz.*

27,15 **Unzucht:** moralisch verurteilender Ausdruck für wechselseitiges Begehren und Geschlechtsverkehr.

27,24 **Warum ist der Mensch?:** In seiner – mit Redewendungen aus der Bibel durchsetzten – ›Predigt‹ vertritt der Handwerksbursche ironisch die Auffassung, dass alles in der Natur einem höheren Zweck dient. Hier kommt mittelbar Büchners wahre Überzeugung zum Ausdruck: »Die Natur handelt nicht nach Zwecken [...]; sondern sie ist in allen ihren Äußerungen sich unmittelbar selbst genug. Alles, was ist, ist um seiner selbst willen da« (aus der medizinischen Probevorlesung *Über Schädelnerven*).

27,26 **Landmann:** älterer Ausdruck für: Bauer.

Weißbinder: anderer Ausdruck für: Anstreicher, Tüncher.

27,35 **übers Kreuz pissen, damit ein Jud stirbt:** verbreitete antisemitische Vorstellung.

28,7 **die Zickwolfin:** der Nachname Maries, mit seinerzeit üblicher weiblicher Endung.

28,16 **und ich hör die Geigen, immer zu, immer zu:** Woyzeck sagte aus, er habe noch im Bette »an die Woostin gedacht«, die »wohl dort mit einem anderen zu Tanze sein könne« und »Tanzmusik, Violinen und Bässe durcheinander« sowie »dazu im Takte die Worte: *Immer drauf, immer drauf!*« gehört (vgl. auch 27,10 f., 28,5 und 34,22).

28,23 **das schneidt das Fieber:** im Sinne von: das Fieber abschneiden, unterdrücken.

29,18 **dunkelblau pfeifen:** verächtlicher Ausdruck im Südhessischen für einen Unterlegenen.

29,20 **Brandewein:** vgl. Anm. zu 26,21.

29,20 f. **Brandewein ... Courage!:** Dass die beiden Verse auf ein Lied zurückgehen, ist nicht bekannt.

29,21 **Courage:** vgl. Anm. zu 23,1.

30,2/3 **wohlfeil:** günstig.

30,7 **Zwei Groschen:** Das entspricht dem täglichen Verdienst von Woyzeck als Soldat bzw. als Versuchsperson des Doktors (vgl. 19,8).

30,14 **Und ist kein Betrug ... erfunden:** NT, 1. Petrus 2,21 f.

30,16–19 **Aber die Pharisäer ... nicht mehr:** NT, Johannes 8,3–11.

30,17 **stelleten sie ins Mittel dar:** stellten sie in die Mitte.

30,23 **brüht:** südhessisch für: wärmt.

30,24–27 **Märchen:** Im zweiten und dritten Satz seiner Aufzählung zitiert der Narr die Märchen *Rumpelstilzchen* und *Die wunderliche Gasterei* aus den *Kinder- und Hausmärchen* der Brüder Grimm.

30,30–31,1 **Und trat hinein zu seinen Füßen ... mit Salben:** NT, Lukas 7,37 ff.

31,8 **Kamisolchen:** kurze, eng anliegende Männerjacke oder Weste.

31,8 f. **ist nit zur Montour:** Woyzeck sagt, dass sein Kamisol nicht Teil seiner Montour (der Kleidung der einfachen Soldaten, im Gegensatz zur Uniform der Vorgesetzten) und deshalb nach seinem Tod auch nicht wieder bei seiner Einheit abzuliefern ist.

31,10 f. **ein Heiligen:** hier: Heiligenbild.

31,13 f. **Leiden sei all mein Gewinst ... Gottesdienst:** Variante von Versen der dritten Strophe eines Kirchenliedes von Christian Friedrich Richter (1676–1711), das mit dem Vers »GOTT, den ich als Liebe kenne« beginnt; die Verse sind auch in Büchners Novelle *Lenz* zitiert.

31,15 f. **Herr wie dein Leib ... aller Stund:** Die Herkunft bzw. Quelle dieser Verse ist ungeklärt.

31,21 **geschworner Füsilier:** ein mit einem leichten Gewehr bewaffneter Soldat, der zur Infanterie gehört und den Fahneneid geleistet hat.

31,21 f. **2. Regiment, 2. Bataillon, 4. Compagnie:** der Truppenteil, in dem Woyzeck dient. Die Compagnie ist als kleinste Einheit Bestandteil des Bataillons, das seinerseits Bestandteil des Regiments ist.

31,22 f. **geboren Mariae Verkündigung:** Irrtum Büchners; Woyzeck ist nach seiner Angabe 7 Monate und 12 Tage vor dem 20. Juli geboren, also am 8. Dezember. Auf dieses Datum fällt »Mariae Empfängnis«.

31,23 **30 Jahre:** Der historische Woyzeck beging seine Tat mit 41 Jahren. Allerdings hatte er 1810, mit 30 Jahren, nach den Angaben des Clarus-Gutachtens, »Umgang mit einer ledigen Weibsperson« gehabt, »mit dieser ein Kind gezeugt« und angeblich erste Anzeichen psychischer Krankheit gezeigt.

31,28 f. **wann der Schreiner die Hobelspän hobelt:** vgl. Anm. zu 9,7 f.

32,5–11 **Wie scheint die Sonn St. Lichtmesstag ... rote S+k:** Die Herkunft des Lieds ist unbekannt. Mariae Lichtmess, der Tag der Kerzenweihe, fällt auf den 2. Februar. Dass »das Korn im Blühn« steht, bildet dazu einen Widerspruch. Die Erwähnung des Lichtmesstags (auch Mariae Reinigung) kann als versteckte Anspielung auf Marie gedeutet werden; der Tag erinnert an Marias Besuch mit dem Jesuskind im Tempel (vgl. NT, Lukas 2,22 f.).

32,22 **Ringle, ringel Rosenkranz. König Herodes:** Anfang eines verbreiteten Ringelreims, der durch die Nennung des kindermordenden König Herodes als Schreckgestalt unterbrochen wird; woraufhin die Kinder sich wegducken.

32,24–33,2 **Es war einmal ein arm Kind ... ist ganz allein:** In diesem Märchen sind Motive aus verschiedenen Märchen der Brüder Grimm verarbeitet; so aus *Die sieben Raben*, *Die Sterntaler* und *Das singende springende Löwenäckerchen*.

32,27 **gerrt:** oberhessisch für: laut weinen; dialektal verkürzte Partizipform (eigentlich: gegerrt).

32,33 **Neuntöter:** Vogelart, auch als Dorndreher oder Rotrückenwürger bekannt. Im *Lehrbuch der Naturwissenschaft für die Jugend* von Georg Büchners Schullehrer Ernst Theodor Pistor heißt es über den Neuntöter, er spieße »die gefangenen Käfer und Fliegen an die Dornen der Schlehenbäume auf, um sowohl sich und seine Jungen damit zu nähren, als auch kleine Vögel dadurch herbeizulocken, die er dann fängt«.

32,34 **Schlehen:** Frucht des Schwarzdorns bzw. der Strauch selbst; vgl. auch Anm. zu 32,33.

32,35 **Hafen:** hier: irdener Topf, in Südhessen im Besonderen auch: Nachttopf.

33,1 **gerrt:** vgl. Anm. zu 32,27.

34,14 **duftig:** hier im Sinne von: dunstig.

34,22 f. **er holt Euch doch einmal alle:** Gemeint ist vermutlich der Teufel.

34,24–28 **Frau Wirtin hat 'ne brave Magd … Soldaten:** vgl. Anm. zu 25,20 ff.

35,7–15 **Ins Schwabeland das mag ich nicht … schlaf allein:** letzte (sechste) und Teil der vierten Strophe eines seinerzeit in Oberhessen verbreiteten Volksliedes. In der *Lenz*-Novelle singt eine Magd den Anfang desselben Liedes.

35,29 f. **Und da hat der Riese gesagt … Menschenfleisch:** Diese Stelle geht wiederum auf das Grimm'sche Märchen *Die sieben Raben* zurück, wo es heißt: »Eilig lief es [das Mädchen auf der Suche nach seinen Brüdern] weg und lief hin zu dem Mond, aber der war gar zu kalt und auch grausig und bös, und als er das Kind merkte, sprach er: ›ich rieche, rieche Menschenfleisch.‹«

36,9 f. **Links über die Lochschneis in die Wäldchen, am roten Kreuz:** Georg Büchner hatte einen konkreten Tatort vor Augen. Das rote Kreuz befindet sich noch heute im Darmstädter Stadtwald. Kreuze dieser Art wurden früher an Orten errichtet, an denen ein Mord stattgefunden hatte. Die Lochschneise ist ein schnurgerader Waldweg und liegt etwa drei Kilometer südlich vom Kreuz in dem Waldstück, in dem Georg Büchner während der Schulzeit mit Freunden Shakespeare-Lesungen durchführte. Auch der Teich hat ein reales Vorbild, den großen Woog. In Wirklichkeit sind diese Örtlichkeiten jedoch nicht so zueinander gelegen, wie es im *Woyzeck* geschildert wird.

37,14 f. **Gerichtsdiener. Barbier. Arzt. Richter. Polizeidiener:** Mitglieder der Mordkommission, zugleich Repräsentanten der Gesellschaft.

37,21 f. **Der is ins Wasser gefallen:** erster Vers eines in Hessen in zahlreichen Varianten überlieferten Abzählreims.

38,5 **Hop! hop! Ross:** vermutlich eine Variante des Anfangs von »Hoppe, hoppe Reiter«.

6. Interpretation

Ende Juli 1835, kurz nach Erscheinen seines ersten Dramas *Dantons Tod*, trat Georg Büchner in einem Brief an die Familie dem Vorwurf der »sogenannte[n] Unsittlichkeit meines Buchs« mit folgenden programmatischen Erläuterungen entgegen: »Der dramatische Dichter ist in meinen Augen nichts, als ein Geschichtsschreiber, steht aber *über* Letzterem dadurch, daß er uns die Geschichte zum zweiten Mal erschafft und uns gleich unmittelbar, statt eine trockne Erzählung zu geben, in das Leben einer Zeit hinein versetzt, uns statt Charakteristiken Charaktere, und statt Beschreibungen Gestalten gibt. Seine höchste Aufgabe ist, der Geschichte, wie sie sich wirklich begeben, so nahe als möglich zu kommen. Sein Buch darf weder *sittlicher* noch *unsittlicher* sein, als die *Geschichte selbst*; aber die Geschichte ist vom lieben Herrgott nicht zu einer Lektüre für junge Frauenzimmer geschaffen worden, und da ist es auch mir nicht übel zu nehmen, wenn mein Drama ebensowenig dazu geeignet ist.« Ausdrücklich wendet sich Büchner gegen die Auffassung der »sogenannten Idealdichter«, dass die Wirklichkeit durch die Kunst verklärt und veredelt werden solle. »Dieser Idealismus«, heißt es ganz ähnlich im Kunstgespräch der *Lenz*-Novelle, die Büchner zur selben Zeit beschäftigte, »ist die schmählichste Verachtung der menschlichen Natur. Man versuche es einmal und senke sich in das Leben des Geringsten und gebe es wieder, in den Zuckungen, den Andeutungen, dem ganzen feinen, kaum bemerkten Mienenspiel.« Die »Gefühlsader« sei »in fast allen Menschen gleich«; was bedeuten soll, dass nicht nur große

Der Dramatiker als Geschichtsschreiber

Herren (die Helden der herkömmlichen Tragödie) starker Gefühle und eines Schicksals fähig sind, das das Publikum bewegt. Der Dichter müsse nur »Aug und Ohren« für diese oft verborgenere Gefühlsader der durchschnittlichen Menschen haben, um deren Tragödie sichtbar zu machen.

Mit diesen Äußerungen sind die wesentlichen Aspekte vorgegeben, die in der folgenden Interpretation des *Woyzeck* näher beleuchtet werden sollen.

1. *Woyzeck* ist ein tendenziell dokumentarisches Drama, insofern es eine historische Begebenheit behandelt und dabei auf authentisches Material zurückgreift. (Die »höchste Aufgabe« des Dramatikers »ist, der Geschichte, wie sie sich wirklich begeben, so nahe als möglich zu kommen«.)
2. *Woyzeck* schildert in einer die Geschichte des Dramas revolutionierenden Weise die Tragödie eines sozial Deklassierten. (»Man versuche es einmal und senke sich in das Leben des Geringsten […].«)
3. *Woyzeck* revolutioniert nicht nur den Inhalt des herkömmlichen Dramas, sondern auch dessen Form. (»[…] und gebe es [das Leben des Geringsten] wieder, in den Zuckungen, den Andeutungen, dem ganzen feinen, kaum bemerkten Mienenspiel.«)

1. Zahlreiche der näheren Umstände des im *Woyzeck* geschilderten Mordes hat Georg Büchner aus den veröffentlichten Quellen zu den Mordfällen Schmolling, Woyzeck und Dieß übernommen (vgl. 1. Erstinformation, S. 7 f.). Die erste Entwurfsstufe des Dramas (H1, vgl. 4. Werkaufbau, S. 36) scheint hauptsächlich der Tat Schmollings nachgestaltet zu sein: Hier wie dort wird der Mordgedanke zur unwiderstehlichen Zwangsvorstellung; gehen

dem Mord Angstzustände des Täters voran; versucht ein Arbeitskamerad den Täter durch Gesang von seinem düsteren Brüten abzulenken; holt der Mörder sein ahnungsloses Opfer zu einem gemeinsamen Spaziergang zum Tatort ab, der vor der Stadt liegt; macht der Täter vor der Tat dunkle Anspielungen; ruft das Opfer um Hilfe, woraufhin Leute hinzueilen und der Mörder flieht; kehrt dieser nochmals zum Tatort zurück, um das Messer zu suchen. Diese Schilderung der Tat nach Einzelheiten aus dem Mordfall Schmolling ist in der »Endfassung« (vgl. 4. Werkaufbau, S. 37) erhalten geblieben. Anzumerken ist jedoch, dass auch die näheren Umstände des von Johann Christian Woyzeck verübten Mordes in manchen Zügen denen des im Drama geschilderten Verbrechens gleichen.

Viel detaillierter nutzte Georg Büchner die Dokumente über das Verbrechen Woyzecks im Hinblick auf die Vorgeschichte der Tat, deren Motive und die Charakterzeichnung des Täters. Dass der historische Woyzeck befürchtete, »von den Freimaurern verfolgt« zu werden, ist in den gerichtsmedizinischen Gutachten des Hofrates Clarus ebenso vermerkt wie seine Neigung zu »fortgesetztem Nachgrübeln« und seine Vorstellungen »über die Bedeutung der Träume, über Geistererscheinungen« und ähnliche übersinnliche Phänomene. Im Drama kommen diese fixen Ideen gleich in den ersten beiden Szenen zum Ausdruck. Die fünfte Szene, in der der Hauptmann von Woyzeck rasiert wird, mag durch Clarus' Angabe, dass Johann Christian Woyzeck »bald als Friseur, bald als Bedienter« tätig gewesen sei, inspiriert sein; ebenso vom Hinweis, dass Woyzeck von Offizieren »manch unverdiente Kränkungen habe erfahren müssen« und andererseits »die Leute von ihm

Übernahmen aus den Clarus-Gutachten

gesagt hätten, daß er ein guter Mensch sey«. Das entscheidende Argument des Gutachters Clarus gegen die Annahme von Woyzecks Unzurechnungsfähigkeit – dass er nämlich »vor, während und nach den Perioden« seiner »Sinnestäuschungen« durchweg »seine Geschäfte ordentlich besorgt habe« – übernimmt Büchner in die Doktor-Szene (8), in der Woyzeck versichert, seine Erbsenrationen »immer ordentlich« zu sich zu nehmen. Auf die Szenen 11 bis 14 weist folgende Passage aus dem Clarus-Gutachten: »Als in Gohlis die Kirmse gewesen, habe er Abends im Bette gelegen, und an die Woostin gedacht, daß diese wohl dort mit einem anderen zu Tanze seyn könne. Da sey es ihm ganz eigen gewesen, als ob er die Tanzmusik, Violinen und Bässe durcheinander, höre, und dazu im Takte die Worte: *Immer drauf, immer drauf!*« Auch die Jahrmarkt-Szene 3 könnte durch diese Episode angeregt worden sein. An anderer Stelle des Gutachtens ist vermerkt, dass Johann Christian Woyzeck Johanna Woost »mit seinem Nebenbuhler auf dem Tanzboden getroffen« habe. Die Woyzeck in Szene 13 bedrängenden Stimmen (»stich die Zickwolfin tot«) hat auch der historische Woyzeck nach seiner eigenen Aussage gehört (»Stich die Frau Woostin todt!«). Dass sich Woyzeck in Szene 14 mit Andres ein Bett teilt, stimmt insofern mit den überlieferten Tatsachen überein, als Johann Christian Woyzeck dem Gutachten zufolge im Winter 1820 »mit dem Tambour Vitzthum einige Wochen lang in einem Bette geschlafen« hat. Der Woyzeck des Stückes hört in derselben Szene Stimmen »aus der Wand«; der historische Woyzeck hatte angegeben, wiederholt Stimmen »in der Nebenkammer« gehört zu haben. Auch die Szene 15, in der Woyzeck von seinem Nebenbuhler zum Trinken aufgefordert und später niedergerungen wird, geht unverkennbar auf das Gutachten zurück (die Redensart »der Kerl pfeift dunkelblau« wurde direkt aus der Quelle übernommen), ist allerdings in ihrer Personenkonstellation deutlich verändert. Von da an überwiegen, wie bereits erwähnt, die Anregungen aus dem Gutachten des Dr. Horn über den Mordfall Schmolling. Der Tatort schließlich entspricht bis in Einzelheiten einer Stelle im Darmstädter Stadtwald (vgl. Erläuterung zu 36,9 f.).

2. Die von ihm verwendeten gerichtsmedizinischen Gutachten boten Georg Büchner die Möglichkeit, einer »Geschichte, wie sie sich wirklich begeben, so nahe als möglich zu kommen«. Dieses Verfahren entsprach seiner Vorstellung von der Aufgabe des Dramatikers. Dass es sich dabei nicht um einen Selbstzweck handeln konnte, beweist bereits der Begriff der »Aufgabe«. Folglich ist zu fragen, welchen Zweck Büchner mit seiner Auswahl und Behandlung des Stoffes verfolgte.

Georg Büchner war ein politisch denkender Mensch. Der Autor des *Hessischen Landboten*, der wegen staatsgefährdender Aktivitäten in der hessischen Heimat verfolgt wurde und ins Ausland hatte flüchten müssen, kämpfte nicht für die stärkere Beteiligung der eigenen, der bürgerlichen Klasse an der politischen Macht. Als den wahren Konflikt, der die Gesellschaft zerriss, hatte er den zwischen den materiell Überversorgten und den materiell Unterversorgten erkannt. Im *Hessischen Landboten* ist vom »lange[n] Sonntag der Reichen« und dem »lebenslange[n] Werktag« der Armen die Rede. In einem Brief an die Familie vom Neujahrstag 1836 aus Straßburg heißt es: »Ich komme vom Christkindelsmarkt, überall Haufen zerlumpter, frierender Kinder, die mit aufgerissenen Augen und traurigen Gesichtern vor den

Der Riss durch die Gesellschaft

Herrlichkeiten aus Wasser und Mehl, Dreck und Goldpapier standen. Der Gedanke, daß für die meisten Menschen auch die armseligsten Genüsse und Freuden unerreichbare Kostbarkeiten sind, machte mich sehr bitter.« Dieses Mitleiden und diese Bitterkeit können als Antrieb Büchners betrachtet werden, die Geschichte des Mörders Woyzeck als Drama zu bearbeiten.

Der Held der antiken Tragödie kämpft gegen ein unentrinnbares, übermächtiges Schicksal. Aus seinem heroischen Scheitern erwächst die tragische Wirkung. Auch Woyzeck ist im Bann eines unentrinnbaren und übermächtigen Schicksals. Sein Schicksal ist jedoch menschengemacht. Er unterliegt nicht dem Zorn der Götter, sondern den gesellschaftlichen Institutionen (Militär, Wissenschaft, Justiz) und ihren blasierten, menschenverachtenden Vertretern.

Dieses menschengemachte Schicksal, der Unterdrückungsapparat, der Woyzeck unterjocht und deformiert, wird von Georg Büchner auf den wenigen Seiten seines Dramas mit großer Genauigkeit analysiert. Diese Analyse muss so konkret und realitätsnah wie möglich sein, sofern sie ihren Zweck, tatsächliche gesellschaftliche Verhältnisse offen zu legen, erfüllen soll. Deshalb ging Büchner vom Fall des Johann Christian Woyzeck aus, dessen Schicksal überdurchschnittlich gut dokumentiert war.

Seiner grundsätzlichen Auffassung folgend, dass Armut und Reichtum die Basis des gesellschaftlichen Machtgefälles bilden, zeigt Georg Büchner, wie Woyzeck durch seine Armut zu einem Unfreien wird; und diese seine Armut ist keine erworbene, sondern eine gegebene. Sie ist nicht in erster Linie die Quittung persönlichen Versagens, sondern der selbstverständliche Lebenshorizont einer benachteiligten Existenz. Im ersten Drittel des 19. Jahrhunderts war eine vorher in dieser Form nicht gekannte Massenarmut aufgekommen, die zunächst als Übergangsphänomen innerhalb des Wandels von einer Agrargesellschaft hin zur Industriegesellschaft gedeutet wurde (verbunden mit einer starken Zunahme der Bevölkerung), bevor man erkannte, dass sie ein Strukturmerkmal der sich neu ausbildenden Gesellschaft war.

Armut im Woyzeck

Zu diesen Armen gehören Franz Woyzeck und Marie Zickwolf. »Wir arme Leut«, sagt Woyzeck zum Hauptmann. »Sehn Sie, Herr Hauptmann, Geld, Geld. Wer kein Geld hat« (Szene 5). »Herr Hauptmann, ich bin ein armer Teufel, – und hab sonst nichts – auf der Welt« (außer Marie), heißt es in der neunten Szene. Marie sagt sich resigniert, sie sei »nur ein arm Weibsbild« (Szene 4). Armut wird aber nicht nur behauptet, sondern auch direkt offenbar: Marie hat nur »ein Stückchen Spiegel«, um sich darin zu betrachten (Szene 4). Woyzeck besitzt neben seiner Uniform offenbar lediglich ein privates Kleidungsstück, das »Kamisolchen« (eine Art Weste), das er Andres vermacht (Szene 18).

Weil er nichts hat, von dem er leben kann, muss er arbeiten, um seinen Lebensunterhalt und den seiner Angehörigen zu verdienen. Und weil die Arbeiten, die er verrichtet, außerordentlich gering bezahlt sind, muss er viele Arbeiten annehmen und ständig von einer Dienstverpflichtung zur nächsten hetzen. Er gehört zu denjenigen, »die durch die angestrengteste Arbeit höchstens das nothdürftigste Auskommen verdienen« können und »auch dessen nicht sicher« sind (Artikel »Pauperismus« im Brockhaus *Conversations-Lexikon* von 1846). Ein einfacher Infanteriesoldat verdiente im Großherzogtum

Hessen sieben Kreuzer am Tag, was einem Einzelnen kaum zum Überleben reichte. (Ein Tambourmajor erhielt viereinhalb Mal so viel. Ein Verführungsgeschenk, wie der Nebenbuhler es Marie macht, könnte Woyzeck nicht bezahlen.) Die Forderung, den Sold zu erhöhen, lehnte das Kriegsministerium 1817 mit der Begründung ab, dass es »den Soldaten […] an Gelegenheit nicht fehlt, sich in ihren freien Stunden durch Arbeit etwas zu verdienen«. Nebentätigkeiten der Soldaten während und außerhalb der Dienststunden waren demnach von vornherein einkalkuliert. Dass Woyzeck und Andres in der ersten Szene vor der Stadt Stöcke schneiden, könnte zu solchen Nebenarbeiten gehören. Zudem rasiert Woyzeck den Hauptmann, hilft beim Professor aus und hat sich vor allem dem Doktor als menschliches Versuchstier verdungen.

Arbeit im Woyzeck

Arbeit, nicht als selbstbestimmte Aufgabe, sondern als fremdbestimmte Lohnarbeit verstanden, ist im *Woyzeck* erstmals durchgängiger Gegenstand eines dramatischen Werkes. Nun lässt sich Arbeit, vor allem aber fremdbestimmte Lohnarbeit, nicht ohne weiteres auf die Bühne bringen: Ihre Monotonie, ihre schiere Dauer zermürben nicht nur den Arbeiter selbst, sondern sicher auch den Zuschauer. Georg Büchner löste dieses dramaturgische Problem auf mehreren Wegen:

Wie über ihre Armut können die Bühnenfiguren auch über die mit ihr verknüpfte Lohnarbeit sprechen. »Alles Arbeit unter der Sonn«, sinniert Woyzeck beim Anblick seines im Schlaf schwitzenden Kindes (Szene 4). Zum Hauptmann sagt er: »Unsereins ist doch einmal unselig in der und der andern Welt, ich glaub' wenn wir in Himmel kämen, so müssten wir donnern helfen« (Szene 5). Die Unentrinnbarkeit des Schicksals, sich in fremdbestimmter Arbeit aufreiben zu müssen, wird in dieser Äußerung eindrucksvoll deutlich. Dennoch ist es klar, dass im Drama Sachverhalte nicht in erster Linie beredet, sondern gezeigt werden sollen.

Eine Reihe der von Woyzeck verrichteten Arbeiten werden in verschiedenen Szenen in Ausschnitten beleuchtet: das Stöckeschneiden (Szene 1), das Rasieren des Hauptmanns (Szene 5), das Ernährungsexperiment (Szene 8), das Wacheschieben (Szene 11).

Dass Woyzecks Tage dicht mit Lohnarbeiten ausgefüllt sind, wird auch durch seine in zahlreichen Szenen betonte Gehetztheit deutlich. Den Hauptmann rasiert er so schnell wie möglich, was dieser verständnislos kommentiert. Wenig später hetzt er auf der Straße am Hauptmann und am Doktor vorbei. Nur kurz kann er jeweils bei Marie vorbeischauen, gleich muss er wieder fort. Beim Stöckeschneiden werden Woyzeck und Andres durch das Trommelsignal unterbrochen, das sie zum Appell ruft. Selbst am Sonntag hat Woyzeck mit Andres Dienst in der Wachtstube, während Marie mit dem Tambourmajor zum Tanzen gegangen ist. Um sie dort zu beobachten, muss sich Woyzeck unerlaubt vom Dienst entfernen. Freie Zeit hat er kaum. Nur der abendliche Besuch der Kirmes mit Marie bildet eine Ausnahme (Szene 3).

Woyzecks Arbeitsüberlastung kommt auch indirekt – durch die Symptome, die diese hervorbringt – zum Ausdruck. Seine Unfähigkeit, sich Marie und dem Kind zuzuwenden, kann auch als Folge seiner körperlichen und seelischen Zurichtung durch unaufhörliche stumpfsinnige Arbeit betrachtet werden. Am eklatantesten in dieser Hinsicht sind jedoch die körperlichen Symptome, die mit dem Ernährungsexperiment einhergehen.

In der für Woyzecks Gesundheitszustand einschlägigen

Szene 10 wird erwähnt, dass Woyzecks Puls ungleichmäßig geht und dass er an Schwindelanfällen und Zittern und seit kurzem auch an Haarausfall leidet, was der Doktor ausdrücklich mit der Erbsendiät in Verbindung bringt. Zudem wird am Ende von Szene 9 deutlich, dass Woyzeck stark abgemagert ist (»Spinnenbein«). Wir können demnach konstatieren, dass Georg Büchner das Ernährungsexperiment, dem Woyzeck unterworfen ist, bewusst als Ursache für dessen körperlichen Verfall einfügte.

Das Ernährungsexperiment

Die Erbsendiät als diejenige von Woyzecks Lohnarbeiten, die am heftigsten auf sein Befinden zurückwirkt, bietet aber noch weitere Aufschlüsse. Georg Büchner hat diese Episode nicht den Quellen über Woyzeck oder Schmolling entnommen. Gleichwohl ist auch dieses Experiment keine Ausgeburt einer frei schweifenden dichterischen Phantasie. Die Büchner-Forschung hat im Gegenteil zutage gebracht, dass seit etwa 1815 in Deutschland und Frankreich eine Reihe ähnlicher Menschenversuche vorgenommen worden waren, von denen der Mediziner Büchner offenbar wusste.

Historisch belegte Experimente

Wie Burghard Dedner feststellt, hat Georg Büchner den Doktor als »einen Vertreter jener zeitgenössischen Theorie darstellen« wollen, »die psychische Störungen durch somatische Krankheiten, vor allem im Magen-Darmbereich, verursacht sah« (vgl. 6. Lektüretipps, *Erläuterungen und Dokumente,* S. 187). So schreibt beispielsweise der Mediziner Johann Christian Reil, der Genuss von »schwer verdaulichen Nahrungsmitteln«, etwa eben von »Hülsenfrüchten«, »macht zuerst die Nerven des Unterleibes krank, diese afficiren das Gehirn und auf solche Weise entspinnt sich Hypochondrie, die endlich in Melancholie und andere Arten von Geisteszerrüttungen übergehen kann« (*Ueber die Erkenntniß und Cur der Fieber*, Bd. 4, Halle 1805, S. 445). Die Annahme, dass Büchner die Erbsendiät Woyzecks in den Zusammenhang dieser zeitgenössischen medizinischen Spekulation stellen wollte, leuchtet im Zusammenhang mit der dramaturgischen Funktion der Episode unmittelbar ein: Wenn der Doktor Woyzeck wissentlich krank macht, um die medizinische Theorie experimentell zu stützen, wenn die Erbsendiät tatsächlich zu »Geisteszerrüttungen« führen kann, dann ist nicht der Mörder Woyzeck für seine Tat verantwortlich zu machen, sondern der Doktor und mit ihm die medizinische Wissenschaft und mit dieser die Gesellschaft. Zu Beginn des 19. Jahrhunderts war es innerhalb der Justiz und der Gerichtspsychiatrie zu einer grundsätzlichen Auseinandersetzung über die Frage der Schuldfähigkeit gekommen. Die idealistisch orientierten Gutachter argumentierten, dass die göttliche Seele prinzipiell unabhängig sei von physischen Einflüssen, dass der Körper dem Geist unterworfen sei und nicht umgekehrt. Ganz in diesem Sinne weist der Doktor Woyzeck zurecht, als diesem »die Natur« gekommen ist und er »an die Wand gepisst« hat: »Die Natur! Hab' ich nicht nachgewiesen, dass der Musculus constrictor vesicae dem Willen unterworfen ist? Die Natur! Woyzeck, der Mensch ist frei, in dem Menschen verklärt sich die Individualität zur Freiheit« (Szene 8). (Dass der Doktor sowohl die Willensfreiheit vertritt wie auch die Theorie experimentell zu beweisen trachtet, dass eine bestimmte Nahrung zur Geisteskrankheit führen kann, ist offenkundig ein Widerspruch. Dieser lässt sich allenfalls mit dem Hinweis auflösen, der Doktor stehe zwischen zwei wissenschaftlichen Schulen

Freier versus unfreier Wille

oder: er argumentiere eben, wie es ihm gerade zupass komme.) Während die idealistisch orientierten Wissenschaftler also die Willensfreiheit verfochten, meinte eine materialistisch orientierte Minderheit, dass die Psyche des Menschen, und damit auch der menschliche Wille, im Gegenteil Wirkungen seiner somatischen Organisation seien. Trotz der zahlenmäßigen Unterlegenheit der materialistisch argumentierenden Wissenschaftler hatte sich ihre Position eine gewisse Geltung verschafft und zu einer teilweisen Neuordnung des Strafrechts geführt. Die öffentlich wie fachwissenschaftlich stark diskutierten Fälle der Mörder Schmolling und Woyzeck brachten der liberalen Rechtsprechung jedoch eine folgenreiche Niederlage bei: Beide Täter wurden für uneingeschränkt zurechnungsfähig erklärt. Restaurative Tendenzen gewannen wieder die Oberhand.

Georg Büchner stand eindeutig auf der Seite der materialistisch argumentierenden Fraktion. Im Februar 1834 hatte er an seine Eltern geschrieben, dass »es in Niemands Gewalt liegt, kein Dummkopf oder kein Verbrecher zu werden, – weil wir durch gleiche Umstände wohl Alle gleich würden, und weil die Umstände außer uns liegen«. Die Umstände, die »außer uns liegen«, sind die Lebensbedingungen, die einem durch die Gesellschaft auferlegt sind. Man bestimmt sein Schicksal nicht selbst, man erleidet es nur. Das zeigt der Fall Woyzeck.

Die Naturalisten

3. Etwa zwischen 1885 und 1895 versuchte eine junge Generation von Autoren lautstark die Bühne der deutschen Literatur zu stürmen. Sie proklamierten eine neue Literatur im Zeichen der Naturwahrheit und verhöhnten die damals in Mode stehende Poesie als lügnerisch und als seichtes Klingelklangel.

Sie kündigten an, diesen flachen Produkten erfolgreicher Schönschreiber eine zeitgemäße Literatur entgegenzusetzen, die durch ihre neuartige Form die modernen Lebensverhältnisse widerspiegeln sollte. Letztlich wurde nicht viel daraus, vielleicht davon abgesehen, dass das Postulat des Zeitgemäßen, des ästhetisch Neuartigen, das einen radikalen Bruch mit dem Überkommenen verlangte, von nun an aus der Entwicklung der Literatur und der Künste überhaupt nicht mehr wegzudenken war.

Vorbild Büchner

Diese Generation junger Autoren, die Naturalisten, die immerhin am Anfang der literarischen Moderne in Deutschland stehen, beriefen sich zum Teil leidenschaftlich auf das Werk des eben erst wiederentdeckten Georg Büchner (vgl. 4. Werkaufbau, S. 34 f.). Das gilt vor allem für Gerhart Hauptmann, den bedeutendsten naturalistischen Dramatiker. Sein skandalträchtiges und ungeheuer erfolgreiches Erstlingsdrama *Vor Sonnenaufgang* (1889) ist, wie die moderne Dramatik überhaupt, in vielerlei Hinsicht dem Vorbild des *Woyzeck* verpflichtet.

Georg Büchner hatte sich gegen das aus seiner Sicht Unwahrhaftige der damals tonangebenden idealistischen Literatur (in erster Linie die Dramen Schillers) gewandt.

Die Sprache des herkömmlichen Dramas

Das Drama ist gesprochene Sprache. Und es ist leicht einzusehen, dass die Sprache der älteren Dramen sich von der auf der Straße gesprochenen Sprache abhob. Nicht nur im zeitlichen Abstand von zweihundert und mehr Jahren kommt einem das so vor. Auch damals war das bereits der Fall. Die Figuren der klassischen Dramen verlieren auch in der äußersten Erregung niemals ihre Fähigkeit, in klaren Gedanken, wohlgesetzten Worten und gleichmäßig fließender rhythmischer Bewegung über ihre eigenen und über fremde Handlungen zu reflektieren. Das muss man dem klassischen Drama nicht notwendig zum Vorwurf machen. Richtig ist jedoch, dass die in diesen Dramen dargestellten Schicksale durch die souveräne Art der Akteure, sich darüber zu äußern, ein wenig abstrakt bleiben.

Mit Georg Büchners sozialem Gewissen, mit seinem konkreten politischen Wirken war eine solche ästhetische Haltung nicht vereinbar. Er ersetzte die fürstliche oder zumindest bürgerliche Hauptgestalt der Tragödie durch die proletarische Hauptfigur. Er rückte entfremdete Arbeit, Armut, psychotische Persönlichkeitsdeformationen und Kriminalität in den Mittelpunkt des Dramas. Er erstickte das getragene Pathos der herkömmlichen Tragödie durch eine neuartige szenische Technik, die den Eindruck auswegloser Hast vermittelt. Und er hat, mehr oder weniger ohne Vorläufer, mit einer staunenswerten Präzision und Wirkungskraft die gesprochene Sprache, das Hauptmittel des Dramas, revolutioniert.

Die Sprache im Woyzeck

Gegenüber der Sprache der herkömmlichen Tragödie ist die Sprache im *Woyzeck* zugleich ärmer und reicher: ärmer, weil ihr der rhythmische Gleichklang, die grammatische Richtigkeit, die Beredtheit, die Gewähltheit und Treffsicherheit des sprachlichen Ausdrucks fehlen; reicher, weil sie realitätsgetreu, individuell und vielfältig ist wie das Leben selbst. Die Sprache im *Woyzeck* bildet Ausbildung und Beruf (Fachsprache des Doktors), Schichtenzugehörigkeit (Soziolekt), regionale Verwurzelung (Dialekt) sowie seelische Zustände (Psycholekt) ab. Sie eröffnet Durchblicke auf die Persönlichkeit ihrer Sprecher.

Die Sprache der Herrschenden drückt deren Überlegenheitsgefühl aus. Der Doktor herrscht durch seine Fachsprache; durch die Fähigkeit, die Sachverhalte auf einen dem Uneingeweihten unverständlichen medizinischen Begriff zu bringen, die Menschen klinisch kühl zu taxieren und sogar zynisch auf Objekte zu reduzieren. Die Reden des Hauptmanns hingegen sind kaum weniger sprunghaft als die der armen Leute und inhaltlich oft ebenso unergiebig. Mit dem Doktor teilt er jedoch offenkundig die Leichtigkeit, mit der er formuliert. Er ist, im Positiven wie im Negativen, ein Schwätzer. Wie vieles andere auch steht ihm eine gedankenlose Sprache zur Verfügung.

Das gilt nicht für die armen Leute. Insbesondere Woyzeck hat eine schwere Zunge. Aber auch die anderen Armen des Stücks tun sich beim Sprechen schwer. Unvermögen und Nachlässigkeit wirken hier zusammen. »Was ein Mann, wie ein Baum«, sagt Maries Nachbarin Margreth beim Anblick des Tambourmajors (Szene 2). Ein richtiger Satz ist das nicht. Sie verwendet nur einfache Wörter. Ihren Eindruck fasst sie in ein simples Bild. »Ei, was freundliche Auge«, fährt sie boshaft und sprachlich unzulänglich fort, »Frau Nachbarin, so was is man an ihr nit gewöhnt«. Dass die Verwendung des südhessischen Dialekts im *Woyzeck* aufgrund der schweren Entzifferbarkeit von Georg Büchners Handschrift in manchen Passagen umstritten ist, wurde bereits angesprochen (vgl. 4. Werkaufbau, S. 36). Unstrittig ist jedoch die gezielte Verwendung von Dialektformen an ausgewählten Stellen, um einzelne Sprecher näher zu charakterisieren. Gerade bei den mittellosen Frauen wie Marie und Margreth, die ihr Leben lang nicht aus ihrem engen Umfeld herausgekommen sind, ist dieser mundartliche Einschlag berechtigterweise besonders stark zu verzeichnen.

Dialekt

Die Sprache der Unteroffiziere kennzeichnet diese als ebenso ungebildet wie die zivilen Armen. Die Unterhaltung zwischen dem Unteroffizier und dem Tambourmajor in Szene 3 offenbart zudem eine Tendenz zum Derben und Prahlerischen, die mit dem fortwährenden Umgang von Männern miteinander beim Militär zu tun haben wird.
Alle bewusste Wahrnehmung ist sprachlich strukturiert. Wer sich sprachlich nur undifferenziert auszudrücken vermag, wird demnach sich selbst und die Außenwelt kaum angemessen wahrnehmen und verstehen können. Das ist Woyzecks Fall. Sprache ist Ausdruck von Wissen.

Unwissenheit

Woyzeck aber ist, wie Alfons Glück zutreffend hervorgehoben hat, in einem Grad unwissend, »wie es an dem Protagonisten einer Tragödie bis zu diesem Werk unvorstellbar gewesen ist«. Seine Unwissenheit ist Glück zufolge »nicht nur Mangel an Kenntnissen (Inhalten), sondern mehr noch Mangel an Begriffen (Instrumenten), vor allem an Kategorien, welche die realen Ursachen seines Elends erfassen könnten« (*Georg Büchner Jahrbuch* 5, S. 108). In das Vakuum dieser Unwissenheit drängen, so Glück, von oben die herrschenden Ideen und von unten historisch überholter, obskurer Aberglaube. Beides trage zur Desorientierung Woyzecks bei.
Die Plausibilität dieser Analyse lässt sich leicht erweisen. Die Gespräche mit dem Hauptmann und dem Doktor zeigen, dass Woyzeck die herrschenden Ideen wie Tugend, Moral oder Persönlichkeitsstruktur gierig aufsaugt, weil sie Orientierung in Aussicht stellen. Seine Bemühungen, ihnen einen Platz innerhalb seines Wahrnehmungssystems zuzuweisen, scheitern jedoch kläglich. Das Resultat ist eine noch dichtere Konfusion.

Der obskure Aberglaube bildet den entgegengesetzten Pol der Einflüsse, denen Woyzeck ausgesetzt ist. Dass dieser Aberglaube natürlich alles andere als geeignet ist, Woyzecks Denken eine sinnvolle Struktur zu geben, wird gleich in den ersten, zunächst kaum verständlichen, Sätzen des Stücks deutlich: »Ja Andres; den Streif da über das Gras hin, da rollt abends der Kopf, es hob ihn einmal einer auf, er meint es wär' ein Igel. Drei Tag und drei Nächt und er lag auf den Hobelspänen (leise) Andres, das waren die Freimaurer, ich hab's, die Freimaurer, still!« (vgl. Erläuterungen, S. 41). Woyzecks Behauptung »ich hab's« steht in verzweifelt komischem Kontrast zu dem unwillkürlichen Eindruck des Zuschauers, dass im Kopf der Figur alles durcheinander geht.

Volkstümliche Überlieferung

Aberglaube ist volkstümliche Überlieferung. Volkstümliche Überlieferung spielt auch in anderer Hinsicht im *Woyzeck* eine große Rolle. Die Armen drücken ihre Stimmungen vielfach aus, indem sie Volkslieder singen. Das gilt besonders für Andres und Marie, aber auch für die Handwerksburschen (Szene 12), den Tambourmajor (Szene 15), die Mädchen auf der Straße (Szene 19), Woyzeck und Käthe (Szene 23). Weil sie für ihre Gefühle keinen individuell passenden Ausdruck finden, sprechen sie überkommene Worte nach, die ihre Stimmungen auszudrücken scheinen. Der oft unzusammenhängende assoziative Stil der Lieder entspricht dabei ihrem eigenen ungeordneten Denken. Dass die ungebildeten Leute im Stück ihre eigenen Empfindungen in vorgegebenen fremden Mustern auszudrücken gewohnt sind, zeigt sich auch in Maries Bibellektüre (Szene 17), in den Bibelanklängen von Woyzecks Sprache und den Märchenerzählungen des Narrs und der Großmutter (Szenen 17 und 19).

Diese Hinweise müssen genügen, um zu demonstrieren, welchen spektakulären Entwicklungsschritt Georg Büchners *Woyzeck* für die Geschichte des Dramas darstellt. Die Naturalisten haben sich Jahrzehnte später viele seiner sprachlichen Differenzierungstechniken angeeignet, ohne kaum jemals in ihren Stücken eine vergleichbare Wirkung zu erzielen. Dass im Rahmen eines realitätsgetreu fragmentarischen Sprachstils, wie er im *Woyzeck* vorherrscht, vieles ungesagt bleiben muss, liegt auf der Hand. Die Naturalisten lösten dieses Dilemma vielfach mit ausufernden Nebentexten (Regieanweisungen). Georg Büchner hat auf dieses Mittel im *Woyzeck* fast vollständig verzichtet, was einmal mehr seine souveräne Handhabung der gesprochenen Sprache im Drama unter Beweis stellt: Die fragmentarische Sprache im *Woyzeck* ist nicht erläuterungsbedürftig, sondern sie erweist sich im Gegenteil als ein Gewinn an dramatischer Fülle und Information. Sie wirft ein besonderes Licht auf die Verhältnisse der jeweiligen Sprecher.

7. Autor und Zeit

Georg Büchner kam am 17. Oktober 1813 in dem kleinen Ort Goddelau südwestlich von Darmstadt zur Welt. Sein Vater Ernst Büchner (1786–1861) war im Jahr zuvor zum für die Umgebung zuständigen Kreis-Chirurg ernannt worden. Georgs Geburtstag war zugleich der zweite Tag der so genannten Völkerschlacht bei Leipzig, die den entscheidenden Sieg der alliierten Mächte über Napoleon und damit die Befreiung Deutschlands von der französischen Herrschaft brachte. Die Kehrseite dieses Sieges war die daraufhin einsetzende Restauration, die Wiederkehr der alten Herrschaftssysteme, welche die politische Entwicklung Deutschlands auf Jahrzehnte hin blockierte. Schon früh in seiner Jugend erwachte Georg Büchners Interesse an den öffentlichen Verhältnissen. Von da an bis zu seinem frühen Tod litt er an den gesellschaftlichen Missständen seiner Zeit, die dem größeren Teil der Bevölkerung eine geistig und materiell kümmerliche Existenz unterhalb der Armutsgrenze aufzwangen. Büchner bekämpfte aktiv das dafür verantwortliche System, erkannte jedoch früher als seine Zeitgenossen, dass eine Veränderung der Herrschaftsverhältnisse nur mit Hilfe der unterdrückten Mehrheit der Bevölkerung erfolgreich durchgesetzt werden könne und dass die Zeit dafür in dreierlei Hinsicht noch nicht reif sei: Zum einen seien die revolutionär denkenden Eliten untereinander uneins und somit nicht handlungsfähig; zudem habe er sich überzeugt, dass »die gebildete und wohlhabende Minorität, so viel Konzessionen sie auch von der Gewalt [den Regierungen] für sich

Gesellschaftliches Bewusstsein

begehrt, […] nie ihr spitzes Verhältnis zur großen Klasse aufgeben« werde; und schließlich sei die große Klasse, seien die Unterprivilegierten und Armen, geistig noch zu abhängig von den traditionellen Herrschaftsverhältnissen und leicht über ihre wirkliche Lage zu täuschen: »Ein *Huhn* im Topf jedes Bauern macht den gallischen *Hahn* [die Revolution] verenden« (beide Zitate aus Briefen an Karl Gutzkow im Sommer 1836 und Sommer 1835). Diese Einsichten formulierte Büchner im Straßburger Exil, wo er als politischer Flüchtling eine geduldete, aber immer gefährdete Existenz führte.

Väterlicherseits stammte Büchner aus einer Familie von hessischen Wundärzten, während die Vorfahren der Mutter höhere Beamtenstellen innegehabt hatten. Die Mutter, Caroline Büchner, geb. Reuß (1791–1858), wird als verständnisvoll und liebenswürdig beschrieben, während der Vater, der eine entbehrungsreiche Jugend durchlebt hatte, die Ausbildung der Kinder in großzügiger Weise förderte, zugleich aber auch erwartete, dass sie sich seinen Grundsätzen fügten. Er war ein Verehrer Napoleons, aber auch ein Mann der bestehenden Ordnung. Aufgrund der republikanischen und revolutionären Gesinnungen seines ältesten Sohnes, der schließlich steckbrieflich verfolgt wurde, kam es zwischen Ernst und Georg Büchner zu scharfen Konflikten. Dennoch hat Georg Büchner nie mit seinem Elternhaus gebrochen. Im Gegenteil hielt er mit der Familie noch in den Zeiten des politischen Exils vertrauten Kontakt.

Die Eltern

Georg Büchner hatte sieben jüngere Geschwister, von denen zwei früh starben. Alle außer der zwei Jahre nach Georg geborenen Schwester Mathilde wurden öffentlich engagierte und be-

Die Geschwister

Georg Büchner
Porträtzeichnung von August Hoffmann

kannte Persönlichkeiten. Wilhelm Büchner (1816–92) absolvierte eine Apothekerlehre, erfand das künstliche Ultramarin, kam als erfolgreicher Fabrikant zu erheblichem Vermögen und war daneben als Politiker aktiv. 1877 bis 1884 saß er für die demokratische »Fortschrittspartei« im Reichstag. Luise Büchner (1821–77) machte sich mit dem 1855 erschienenen Buch *Die Frauen und ihr Beruf* einen Namen als Frauenrechtlerin. Zahlreiche weitere Veröffentlichungen wandten sich in emanzipatorischer Absicht vor allem an die Frauen des Mittelstandes und der Arbeiterschaft. Luise Büchner verfasste zudem literarische und geschichtliche Werke. Im selben Jahr 1855 wie Luise trat auch Ludwig Büchner (1824–99) mit seinem philosophischen Werk *Kraft und Stoff* an die Öffentlichkeit, das ihn zum populärsten materialistischen Philosophen der zweiten Hälfte des 19. Jahrhunderts machte. Als praktischer Arzt trat er zudem in die Fußstapfen des Vaters und war als sozialer Demokrat politisch tätig. Der jüngste Bruder Alexander schließlich (1827–1904) war promovierter Jurist, nahm aktiv an der Revolution von 1848 teil, wurde vor Gericht gestellt, habilitierte sich schließlich in Zürich als Literaturwissenschaftler und lehrte ab 1867 als Professor in Caen. Das Denken und Handeln all dieser Geschwister war auf je eigene Art vom Vorbild des jung verstorbenen ältesten Bruders beeinflusst.

Schulzeit

Georg Büchner verbrachte seine Kindheit und Jugend in Darmstadt, wohin sein Vater 1816 als Kreisarzt versetzt worden war. In der rund 20 000 Einwohner zählenden Residenzstadt des Großherzogtums Hessen-Darmstadt absolvierte er zunächst die freigeistige »Privat-Erziehungs- und Unterrichts-Anstalt« des Theologen Dr. Karl Weitershausen (ab

1821) und von 1825 bis 1831 das neuhumanistische Gymnasium. Beide Schulen vermittelten eine gründliche Ausbildung, deren Spuren allenthalben in Büchners Werken nachzuweisen sind. Am Darmstädter Gymnasium unterrichteten kritisch und fortschrittlich denkende Lehrer. Die Schule zog infolgedessen den Verdacht auf sich, »eine Vorschule verbotener Verbindungen und Umtriebe« zu sein (nach Hauschild, *Bildmonographie*, S. 26). Tatsächlich standen allein aus Georg Büchners Klasse noch acht weitere Schüler später im Verdacht »revolutionärer Umtriebe«. Georg Büchner begeisterte sich als Schüler für die Französische Revolution, trug, wie sich sein Bruder Ludwig erinnerte, eine »rote Jakobiner-Mütze« und begrüßte einen seiner gleichgesinnten Freunde regelmäßig mit »Bon jour, citoyen«. In Schulaufsätzen wie auch in zwei Reden zu festlichen Schulanlässen verherrlichte er die großen Einzelnen, die im Laufe der Menschheitsgeschichte ihr Leben für die Idee der Freiheit in die Bresche geschlagen hatten. Eine dieser Reden hielt er Ende September 1830, als die durch die Pariser Juli-Revolution ausgelöste europäische revolutionäre Gärung gerade das Großherzogtum Hessen-Darmstadt erfasst hatte.

Studium

Georg Büchner blickte nach Frankreich. So wird es ihm recht gewesen sein, dass sein Vater 1831 Straßburg als den Ort bestimmte, an dem sein Sohn das Medizinstudium aufnehmen sollte. Georg Büchner wohnte bei entfernten Verwandten, dem verwitweten Pfarrer und demokratisch gesinnten Gelegenheitsdichter Johann Jakob Jaeglé (1763–1837) und dessen Tochter Wilhelmine. Während einer Erkrankung im Frühjahr 1832 schloss er mit der drei Jahre älteren Wilhelmine eine heimliche Verlobung.

Die beiden Straßburger Studienjahre hat Georg Büchner

rückblickend als seine glücklichste Zeit bezeichnet. Neben dem Studium machte er sich mit revolutionären französischen Gesellschaftstheorien und der politischen Arbeit im Untergrund vertraut. Die politischen Verhältnisse nach den Revolutionen von 1830, welche zur Etablierung des »juste milieu«, zum politischen Erstarken der vermögenden Bürger, geführt hatten, ohne dass die demokratischen Grundrechte im Kern vorangebracht und die materiellen Verhältnisse der Armen verbessert worden waren, kommentierte er, hüben wie drüben des Rheins, mit Verachtung.

Der Landesvorschrift gemäß setzte Georg Büchner nach den Sommerferien 1833 sein Studium an der hessischen Landesuniversität Gießen fort. Kaum zwei Monate später kehrte er aufgrund einer Hirnhautentzündung für einige Wochen ins Elternhaus nach Darmstadt zurück. Die mitleiderregenden Lebensverhältnisse der oberhessischen Landbevölkerung, die Aussicht, nach Abschluss des Studiums in den Dienst eines innerlich abgelehnten Systems einzutreten, besonders aber die Trennung von Wilhelmine Jaeglé lasteten schwer auf seinem Gemüt. Von seinen Mitstudenten hielt er sich fern. Er studierte die Geschichte der Freiheitskämpfe und kam zu der Einsicht, dass Freiheit im Verlauf der Menschheitsgeschichte immer nur gewaltsam errungen worden sei. Wer aber Gewalt braucht, macht sich schuldig. Auch verabschiedete er sich von dem Glauben, dass heroische Einzelne geschichtliche Entwicklungen lenken könnten. Doch auch angesichts der Ohnmacht des Einzelnen gegenüber »dem gräßlichen Fatalismus der Geschichte« (an Wilhelmine Jaeglé, März 1834) glaubte sich Georg Büchner seiner revolutionär-aufklärerischen Mission nicht entziehen zu können.

Politische Arbeit im Untergrund

behelligt im Elternhaus in Darmstadt verbringen, wo er auf Geheiß seines Vaters auch das Wintersemester über blieb, um sich konzentrierter seinen Studien zu widmen und unter seiner Aufsicht im Stadtspital Vorlesungen über Anatomie zu halten. Zwar berief Georg Büchner im Herbst noch einige Versammlungen der Darmstädter »Gesellschaft für Menschenrechte« ein; zwar wurden die 800 Exemplare des *Landboten*, deren die Behörden nicht hatten habhaft werden können, erfolgreich und flächendeckend verteilt und im November sogar noch weitere 400 Exemplare nachgedruckt; zwar schmiedete man Pläne zur Befreiung der Inhaftierten, die nur knapp scheiterten – doch insgesamt stockte die revolutionäre Arbeit aufgrund der bedrohlichen Ermittlungen. In dieser Situation machte sich Georg Büchner an den bereits lange gehegten Plan, ein Geschichtsdrama zu verfassen, das eine Phase der Französischen Revolution gewissermaßen aus der Innensicht schilderte: den durch Robespierre betriebenen Untergang von Georges Danton und seiner Parteigänger (24. März bis 5. April 1794). Der größere Teil des Dramas widmet sich infolgedessen der politischen und persönlichen Auseinandersetzung der beiden gegensätzlichen Revolutionsführer: Robespierres asketisches Tugendideal und unbedingtes Machtstreben reibt sich an der offenen Selbstbezogenheit und nihilistischen Indolenz (Trägheit) des aufgrund seiner Mitschuld an den Septembermorden des Jahres 1792 ideologisch desillusionierten Danton. In Dantons Augen sind Robespierres Gegnerschaft und sein Hass auf Dantons »Lasterhaftigkeit« lediglich Ausdruck eines kleinbürgerlichen Ressentiments. Durch seine eigene Passivität, seine Missachtung politischen Kalküls macht Danton seine Ver-

Dantons Tod

urteilung und Hinrichtung (wie die seiner Freunde) erst möglich.

Das Stück, dem ein ausgedehntes Studium der geschichtlichen Quellen vorausgegangen war, entstand Anfang 1835 innerhalb von fünf Wochen. Georg Büchner sandte es dem liberalen Verleger Sauerländer in Frankfurt sowie dem jungen Schriftsteller Karl Gutzkow, der das *Literatur-Blatt* der bei Sauerländer erscheinenden Zeitschrift *Phönix* redigierte. Gutzkow setzte sich für den Druck des Stücks ein, in dessen Text er allerdings stark eingriff, damit es die Frankfurter Vorzensur überstand. Er selbst sprach später von einer »Ruine der Verwüstung« und Büchner hat das Ergebnis nicht anders beurteilt, jedoch mit Gutzkow, der ihn zu weiterer literarischer Produktion drängte, auch in der Folgezeit guten Kontakt gehalten.

Unterdessen waren weitere Festnahmen erfolgt. Seinem Bruder Ludwig zufolge versetzte Georg Büchner die »fortwährende Angst vor Verhaftung, verbunden mit der angestrengtesten Arbeit an *Danton* [...] in der letzten Zeit seines Darmstädter Aufenthalts in eine unbeschreibliche geistige Aufregung [...]; er sprach selten, aß wenig und zeigte immer eine verstörte und stiere Miene« (nach Hauschild, *Bildmonographie*, S. 78). Wissend, was das für die Eltern bedeuten würde, bereitete sich Büchner insgeheim auf die Flucht vor. Einer erneuten Vorladung zum Verhör leistete er nicht mehr Folge und tauchte unter, wodurch er einer kurze Zeit später einsetzenden neuen Verhaftungswelle entging. Anfang März floh er nach Straßburg, wo ihn seine Verlobte und die alten Freunde erwarteten. Dort lebte er in der ersten Zeit im Verborgenen. Danach war er bis zum Herbst 1835 unter falschem Namen behördlich gemeldet.

Flucht ins Straßburger Exil

Von politischen Zusammenkünften hielt er sich fern. Das Schicksal der in Hessen inhaftierten Freunde verfolgte er mit Sorge und dem schlechten Gewissen des Davongekommenen.

Der Unterstützung durch seine Straßburger Freunde war es zu verdanken, dass Georg Büchner ab Herbst 1835 eine Sicherheitskarte, einen befristeten Ausweis für Straßburg, erhielt, obwohl er seit dem Juni vom Großherzogtum Hessen-Darmstadt steckbrieflich gesucht wurde.

Während der ersten Monate im Exil hatte Büchner mit der Übersetzung zweier Dramen Victor Hugos ins Deutsche Geld verdient. Diesen Auftrag hatte ihm Gutzkow vermittelt, der weitere literarische Arbeiten von Büchner zu erhalten wünschte. Büchner wandte sich daraufhin der Ausarbeitung einer Novelle über den Dichter Jakob Michael Reinhold Lenz zu, einen Bekannten Goethes aus dessen Studienzeit in Straßburg 1770/71. Lenz hatte nach Goethes Weggang aus Straßburg eine Liebesbeziehung zu Goethes ehemaliger elsässischer Geliebten Friederike Brion angeknüpft und wenig später einen ersten psychischen Zusammenbruch erlitten. Während dieser Krise wurde er vorübergehend im Hause des protestantischen Pfarrers Johann Friedrich Oberlin in Waldersbach im abgelegenen Steintal aufgenommen, der über den Zustand seines Gastes ein ausführliches und genaues Tagebuch führte. Viele der älteren Personen aus Büchners Straßburger Bekanntschaft hatten Oberlin noch persönlich gekannt, waren seine Freunde oder Schüler gewesen. Andere Straßburger Freunde hatten noch weitere Quellen über Lenz zutage gefördert und veröffentlicht. Schon während seiner beiden Straßburger Studienjahre hatte sich Büchner mit dem Material auseinander gesetzt.

Lenz

Erst die überaus schmerzhafte Erfahrung des Getrenntseins von seiner Verlobten Wilhelmine Jaeglé durch seinen Weggang nach Gießen brachte Georg Büchner jedoch in ein persönliches Verhältnis zu dem Stoff. Das von Oberlin festgehaltene genaue Psychogramm des verstörten Lenz half Büchner, eigene Gefühlserlebnisse zu gestalten. Seine literarische Schilderung einer schizophrenen Psychose hält auch dem kritischen Urteil der modernen Fachmedizin stand. Büchners innere Nähe zu Lenz wie auch die Zustimmung, mit der er dessen Theaterstücke studierte (*Woyzeck* ist in manchen Zügen erkennbar von den *Soldaten*, einem Drama von Lenz, beeinflusst), veranlassten ihn im Gegenzug, der Novellenfigur Überzeugungen vom Wesen und Zweck der Kunst in den Mund zu legen, die seinen eigenen Auffassungen in vieler Hinsicht entsprachen. In dem berühmten Kunstgespräch der Novelle heißt es: »Die Leute können auch keinen Hundsstall zeichnen. Da wolle man idealistische Gestalten, aber alles, was ich davon gesehen, sind Holzpuppen. Dieser Idealismus ist die schmählichste Verachtung der menschlichen Natur. Man versuche es einmal und senke sich in das Leben des Geringsten und gebe es wieder, in den Zuckungen, den Andeutungen, dem ganzen feinen, kaum bemerkten Mienenspiel; er hätte dergleichen versucht im ›Hofmeister‹ und den ›Soldaten‹. Es sind die prosaischsten Menschen unter der Sonne; aber die Gefühlsader ist in fast allen Menschen gleich, nur ist die Hülle mehr oder weniger dicht, durch die sie brechen muß. Man muß nur Aug und Ohren dafür haben. […] Man muß die Menschheit lieben, um in das eigentümliche Wesen jedes einzudringen, es darf einem keiner zu gering, keiner zu häßlich sein, erst dann kann man sie verstehen; das unbedeutendste Gesicht macht einen tiefern Eindruck als die bloße Empfindung des Schönen […].« Diese Passage wirkt, wie oft gesagt worden ist, wie das literarische Programm des in Inhalt und Form so neuartigen *Woyzeck*.

Die Veröffentlichung der *Lenz*-Novelle scheiterte einmal mehr an politischen Widrigkeiten. Gutzkow hatte im August 1835 die Gründung einer neuen Zeitschrift, der *Deutschen Revue*, angekündigt, in der auch der *Lenz* gebracht werden sollte. Diese Zeitschrift wurde noch vor Erscheinen der ersten Nummer verboten, Gutzkow und sein Verleger wurden angeklagt und Gutzkow kam wegen antireligiöser Tendenzen seines jüngsten Romans ins Gefängnis. Die Autoren und Verleger des zusammenfassend so genannten »Jungen Deutschland« (Autoren, die politisch engagierte Werke verfassten) wurden von der Deutschen Bundesversammlung Ende des Jahres erheblichen Restriktionen unterworfen, was ihre literarische Tätigkeit auf Jahre hinaus sehr erschwerte.

Die Doktorarbeit

Unter dem Eindruck dieser Entwicklungen ließ Georg Büchner in Straßburg seine noch unfertige Novelle liegen und wandte sich vorerst der Wissenschaft zu, um auf sie seine Existenz zu gründen. Die praktische Medizin hatte er aufgegeben. Nun wollte er wissenschaftlich forschen, um den Doktorgrad und danach die Habilitation zu erwerben, womit er an einer Universität würde lehren können. Die 1833 gegründete Zürcher Hochschule bot für diesen Plan die besten Voraussetzungen. Im Winter 1835 auf 1836 präparierte Büchner monatelang die Köpfe von Flussbarben und entdeckte dabei eine bis dahin unbekannte Verbindung unter den Kopfnerven dieser Fische. Die medizinisch-philosophische Abhandlung fand bei seinen ehemaligen Straßburger Professoren viel Beifall und ebenso an der Universität Zürich, deren philosophische Fakultät Büchner am 3. September 1836 die Doktorwürde verlieh und ihm das Recht einräumte, als Privatdozent Vorlesungen zu halten. Bereits im späten Frühjahr hatte Büchner begonnen, erste Vorlesungen über philosophische Themen (Descartes, Spinoza) zu konzipieren. Dabei konnte er auf Vorarbeiten aus seiner Studienzeit zurückgreifen. Parallel dazu schrieb er an zwei Theaterstücken: *Leonce und Lena* und *Woyzeck*.

Leonce und Lena

Die erste Fassung von *Leonce und Lena* entstand als Beitrag für einen vom Cotta-Verlag ausgeschriebenen, gut dotierten Wettbewerb um das »beste ein- oder zweiaktige Lustspiel in Prosa oder Versen«. Georg Büchner schickte sein Stück im Sommer 1836 verspätet ein und erhielt es ungeöffnet zurück. Ohne Zeitdruck arbeitete er von nun an an der Endfassung, die ihn noch in Zürich beschäftigt zu haben scheint. Die Handlung folgt gängigen Märchen- und Komödienmustern: Prinz Leonce, Thronfolger im Königreich Popo, soll durch eine Heirat mit Prinzessin Lena aus dem Nachbarreich Pipi das winzige Land Popo geographisch und machtpolitisch aufwerten. Er entzieht sich der Pflicht und flieht nach Italien, dem Land seiner Sehnsucht. Auf dem Weg trifft er auf die ebenfalls flüchtige Lena. Die beiden verlieben sich ineinander. Am Ende findet die von Anfang an geplante Hochzeit statt. Das Stück bedient sich zahlreicher literarischer Versatzstücke, die es auf gleichzeitig ausgelassene und melancholische Weise parodiert. In die realitätsferne Handlung ist eine bissige Satire auf die deutsche Kleinstaaterei sowie die Blasiertheit und den Dünkel der »Duodezfürsten« und ihres Hofstaates eingelagert.

Am 18. Oktober – einen Tag nach seinem 23. Geburtstag – reiste Georg Büchner nach Zürich ab. Als politischer Flüchtling war sein Status auch in dem neuen Gastland heikel. Am Ende des Asylverfahrens stand Ende November eine mit manchen Auflagen verbundene Aufenthaltsgenehmigung für zunächst sechs Monate. Schon Anfang November war er aufgrund einer überzeugenden Probevorlesung von der Universität in den Kreis der Privatdozenten aufgenommen worden. Seinen ersten akademischen Kurs, zur Anatomie der Fische und Amphibien, nannte er »Zootomische Demonstrationen«. Fünf Studenten meldeten sich an, nur drei blieben bei der Stange, von denen wiederum nur einer regelmäßig kam. Der dreimal wöchentlich angesetzte Kurs fand in Büchners Privatwohnung statt, einem karg möblierten Zimmer in der Steingasse. Die anatomischen Präparate musste er selbst herstellen, da die Universität nichts dergleichen besaß. »Ich sitze am Tage mit dem Skalpell und die Nacht mit den Büchern«, schrieb er Ende November an den Bruder Wilhelm. Am 20. Januar klagte er seiner Verlobten: »Das Mühlrad dreht sich als fort ohne Rast und Ruh.« Wenige Tage darauf erkrankte er an einem »typhösen Nervenfieber« (*Neue Zürcher Zeitung* vom 17. Februar 1837), das in der Stadt grassierte. Durch anhaltende Überarbeitung und vermutlich unzureichende Ernährung geschwächt, versagten seine Abwehrkräfte. Am 17. Februar traf Wilhelmine Jaeglé aus Straßburg ein. Der Kranke vermochte kaum mehr, sie zu erkennen. Im Fieberdelirium quälten ihn die Erinnerung an das Schicksal der politischen Freunde in Hessen und die Angst, dorthin ausgeliefert zu werden. Am 19. Februar 1837 starb Georg Büchner im Alter von 23 Jahren.

Lehrtätigkeit in Zürich

Tod

8. Rezeption

»Ein Kopf von merkwürdiger Frühreife, ein Freidenker nicht nur auf religiösem Gebiete, sondern auch […] so klar in politischen Dingen, wie Keiner sonst von allen […] im damaligen Deutschland« (Franz Mehring, 1897).

»Der Wozzeck […] wie vieles macht er unnütz, was man laut und begeistert begrüßt hat, wie vieles spätere. […] ich möchte fast sagen: hier geht der Weg« (R. M. Rilke, 1915).

»Therese Giese [eine große Schauspielerin] sagte mir, sie glaube, dies sei die größte Tragödie in deutscher Sprache. Sie kann noch einen anderen Anspruch erheben: Sie ist die größte Dichtung des ›Absurden‹« (Thornton Wilder, 1953).

»Büchner [ist] mit dem *Woyzeck* der vollkommenste Umsturz in der Literatur gelungen: die Entdeckung des *Geringen.* Diese Entdeckung setzt Erbarmen voraus, aber nur wenn dieses Erbarmen verborgen bleibt, wenn es stumm ist, wenn es sich nicht ausspricht, ist das Geringe *intakt.* Der Dichter […], der das Geringe mit seinem Erbarmen öffentlich aufbläst, verunreinigt und zerstört es. Von Stimmen und von den Worten der Anderen ist Woyzeck gehetzt, doch vom Dichter ist er unberührt geblieben. In dieser Keuschheit fürs Geringe ist bis zum heutigen Tage niemand mit Büchner zu vergleichen« (Elias Canetti, 1972).

»*Woyzeck* hat mich immer am meisten fasziniert« (Friedrich Dürrenmatt, 1988).

»Mit Büchner fängt eigentlich die moderne Dramatik an« (Heiner Müller, 1988).

(Zitiert nach: J. Ch. Hauschild, *Georg Büchner. Biographie*, S. 12, 14, 16, 18, sowie B. Dedner [u. a.], *Erläuterungen und Dokumente*, S. 276.)

9. Checkliste

Fragen und Aufgaben zur **Erstinformation zum Werk:**

1. Welche Lebensumstände des historischen Johann Christian Woyzeck könnten Einfluss auf seine Tat gehabt haben?
2. Welche weiteren Mordfälle liegen Georg Büchners Drama zugrunde?
3. Inwiefern gleichen sich die drei Mordfälle?

Fragen und Aufgaben zur **Inhaltsangabe:**

4. Benennen Sie die Themen des Dramas.
5. In welchen Szenen werden diese Themen jeweils behandelt?
6. Inwiefern sind die Themen des Dramas inhaltlich miteinander verknüpft? Was hat beispielsweise die Arbeit Woyzecks mit seinem Verbrechen zu tun?
7. Inwieweit sind die Themen des Dramas szenisch miteinander verbunden? Welche Themen werden in einzelnen Szenen zusammen behandelt? Auf welche Weise werden sie verknüpft?

Fragen und Aufgaben zu den **Personen:**

8. Welche Bedeutung hat der Umfang der Bühnenpräsenz einer Dramenfigur?
9. In welchem Verhältnis stehen die wichtigsten Figuren im *Woyzeck* zueinander? (Beschreiben Sie die *Konfiguration* des Dramenpersonals.)
10. Wie unterscheiden sich Figuren im Drama von wirklichen Menschen?

11. Im Drama sind Figur und Handlung aufs Engste verknüpft. Erläutern Sie diese These.
12. Was ist eine Psychose?
13. Charakterisieren Sie Woyzeck mit fünf Adjektiven und belegen Sie Ihre Einschätzung aus dem Dramentext.
14. Schildern Sie, warum Marie sich dem Tambourmajor zuwendet, und belegen Sie Ihre Argumente mit Hilfe von Textstellen.
15. Inwiefern fungiert Andres als *Kontrastfigur* zu Woyzeck?
16. Warum ist Andres nicht nur eine *Kontrast-*, sondern auch eine *Korrespondenzfigur* zu Woyzeck?
17. Mit welchen Argumenten lässt sich der Tambourmajor als *flacher Charakter* einordnen?
18. Woraus bezieht der Hauptmann sein Überlegenheitsgefühl?
19. Mit welchen Mitteln zieht Georg Büchner die Selbsteinschätzung des Hauptmanns ins Lächerliche? Belegen Sie Ihre Beobachtungen am Text.
20. Aufgrund welcher Merkmale lässt sich auch der Doktor als *flacher Charakter* einordnen?
21. Wie steht es um das ärztliche Selbstverständnis des Doktors?

Fragen und Aufgaben zum **Werkaufbau**:

22. Was versteht man unter *Textkonstituierung*?
23. Erklären Sie den Begriff *Editionsgeschichte*.
24. Skizzieren Sie die Editionsgeschichte des *Woyzeck*.
25. Geben Sie eine kurze Beschreibung der vier überlieferten Teilmanuskripte des *Woyzeck*.
26. Was ist unter der Bezeichnung *offene Form des Dramas* zu verstehen?

27. Wie plausibel ist die These, *Woyzeck* sei dramaturgisch durch die Tendenzen zur *Hetze* und zur *Simultaneität* gekennzeichnet?

Fragen und Aufgaben zur **Interpretation:**

28. Worin besteht Georg Büchner zufolge die Hauptaufgabe des Dramatikers?
29. Welche in den Clarus-Gutachten erwähnten Persönlichkeitsmerkmale des historischen Woyzeck hat Georg Büchner für seine Bühnenfigur übernommen?
30. Was mag Georg Büchner veranlasst haben, das Leben Johann Christian Woyzecks in einem Theaterstück zu verarbeiten?
31. In welcher Hinsicht lässt sich Woyzeck mit einem antiken Tragödienheld vergleichen? Wo liegen die Grenzen dieses Vergleichs?
32. Wie wird Armut im *Woyzeck* dargestellt?
33. Wie wird Arbeit im *Woyzeck* dargestellt?
34. Welches Motiv lässt sich für den Menschenversuch des Doktors in *Woyzeck* ermitteln?
35. Skizzieren Sie knapp den Streit innerhalb der Gerichtspsychiatrie des frühen 19. Jahrhunderts über die Frage der Schuldfähigkeit.
    Welche Position bezog Georg Büchner in dieser Auseinandersetzung?
36. Wie lässt sich die im herkömmlichen Drama verwendete Sprache beschreiben?
    Wie hebt sich die im *Woyzeck* verwendete Sprache davon ab?
37. Wie kann die gehäufte Verwendung von Volksliedern im *Woyzeck* erklärt werden?

Fragen und Aufgaben zu **Autor und Zeit**:

38. Zeichnen Sie Georg Büchners Analyse der gesellschaftlichen Zustände seiner Zeit nach.

39. Welchen Familienverhältnissen entstammte Georg Büchner?

40. Welche Rolle spielte die Schule in Georg Büchners Entwicklung?

41. Welchen Einfluss hatten die Straßburger Studienjahre auf Georg Büchners Leben?

42. Fassen Sie Georg Büchners politische Aktivitäten im Großherzogtum Hessen-Darmstadt zusammen.

43. Warum befasste sich Georg Büchner mit dem Leben des Sturm-und-Drang-Autors Jakob Michael Reinhold Lenz?

Fragen und Aufgaben zur **Rezeption**:

44. Klären Sie, um wen es sich bei den Autoren handelt, die sich über Georg Büchner und den *Woyzeck* äußern.

45. Informieren Sie sich über das Theater des Absurden. Ist Thornton Wilders Behauptung, *Woyzeck* sei »die größte Dichtung des ›Absurden‹«, nachvollziehbar?

46. Was meint Elias Canetti, wenn er sagt, Georg Büchner habe mit dem Woyzeck »das Geringe« entdeckt? Unter welchen Bedingungen bleibt nach Canettis Auffassung das Geringe intakt? Zeigen Sie anhand einschlägiger Textstellen, ob und wie es Georg Büchner gelungen ist, die Integrität des Geringen zu bewahren.

10. Lektüretipps/Filmempfehlungen

Ausgaben des *Woyzeck*

Da im Falle des *Woyzeck* keine von Georg Büchner autorisierte Endfassung vorliegt, bieten die verschiedenen Ausgaben des Stücks fast durchweg mindestens geringfügig unterschiedliche Texte (vgl. 4. Werkaufbau). Diesem *Lektüreschlüssel* ist folgende Ausgabe zugrunde gelegt.

Georg Büchner: Woyzeck. Leonce und Lena. Hrsg. von Burghard Dedner. Stuttgart: Reclam, 2005. (Universal-Bibliothek. 18420.) – *Reformierte Rechtschreibung.*

Zwei weitere wichtige Ausgaben:

Georg Büchner: Woyzeck. In: Georg Büchner. Werke und Briefe (Münchner Ausgabe). Hrsg. von Karl Pörnbacher und anderen. München 1988. (dtv klassik. 2202.) S. 197–255. – *Die Briefe Büchners sind nach dieser Ausgabe zitiert.*
– Woyzeck. In: Georg Büchner. Sämtliche Werke, Briefe und Dokumente in zwei Bänden. Hrsg. von Henri Poschmann. Bd. 1. Frankfurt a. M. 1992 und 2002. S. 143–219.

Zum Leben Georg Büchners

Was die Fülle der Information angeht, bildet Jan Christoph Hauschilds große Biographie aus dem Jahre 1993 bis auf weiteres das Maß aller Dinge. Sie verlangt dem Leser allerdings auch einige Geduld ab. Da die Zeugnisse über Georg Büchners kurzes Leben begrenzt sind, steckt Hauschild weitläufig das persönliche und gesellschaftliche Umfeld dieses Lebens ab. Nicht jeder Leser wird ihm dabei immer folgen wollen. Für den Normalgebrauch hingegen hat Hauschild zudem einen ausgezeichneten Band in der Reihe *rowohlts monographien* verfasst (1992, erw. Neuausg. 2004). Daneben ist auf dem Band von Jürgen Seidel innerhalb der Reihe *dtv portrait* hinzuweisen. Für eine rasche Information über Leben und Werk Büchners ist zudem das kleine Buch von Karlheinz Hasselbach geeignet.

Hasselbach, Karlheinz: Literaturwissen: Georg Büchner. Stuttgart 1997 [u. ö.]. (Reclams Universal-Bibliothek. 15212.)

Hauschild, Jan Christoph: Georg Büchner. Mit Selbstzeugnissen und Bilddokumenten. Reinbek bei Hamburg 1992. (rowohlts monographien. 50503.) – *Zitiert als: Bildmonographie.*

– Georg Büchner. Biographie. Stuttgart 1993. (Als vom Autor überarbeitete Taschenbuchausgabe: Berlin 1997.)

Seidel, Jürgen: Georg Büchner. München 1998. (dtv portrait. 31001.)

Literatur über *Woyzeck*

Gründliche wissenschaftliche Informationen bieten die Kommentare der beiden oben angeführten Werkausgaben von Karl Pörnbacher und Henri Poschmann sowie:

Dedner, Burghard, unter Mitarbeit von Gerald Funk und Christian Schmidt: Erläuterungen und Dokumente: Georg Büchner: *Woyzeck*. Stuttgart 2000. (Reclams Universal-Bibliothek 16013.)

Die Wort- und Sacherläuterungen in diesem *Lektüreschlüssel* (Kapitel 5) gehen zumeist auf die Stellenkommentare von Dedner, Pörnbacher und Poschmann zurück.

Hinzuweisen ist ferner auf:

Dedner, Burghard: Die Handlung des Woyzeck: wechselnde Orte – »geschlossene Form«. In: Georg Büchner Jahrbuch 7 (1988/89) S. 144–170.

Elm, Theo: Georg Büchner: Woyzeck. Zum Erlebnishorizont der Vormärzzeit. In: Interpretationen: Dramen des 19. Jahrhunderts. Stuttgart 1997. (Reclams Universal-Bibliothek. 9631.) S. 141–171.

Glück, Alfons: Woyzeck. Ein Mensch als Objekt. In: Interpretationen. Georg Büchner: *Dantons Tod, Lenz, Leonce und Lena, Woyzeck*. Stuttgart 1990. (Reclams Universal-Bibliothek. 8415.) S. 177–218. – *Dieser Aufsatz bietet die Hauptgedanken von vier umfangreichen, nicht durchweg empfehlenswerten Beiträgen in den Georg Büchner Jahrbüchern 4 (1984) S. 167–247 und 5 (1985) S. 52–182.*

Roth, Udo: Georg Büchners Woyzeck als medizinhistorisches Dokument. In: Georg Büchner Jahrbuch 9 (1995–1999) S. 503–519.

Schulz, Christian: »Links über die Lochschneise in dem Wäldchen, am rothen Kreuz«. Der Tatort in Woyzeck, sein Vorbild im ›Bessunger Forst‹ und weitere Darmstädter Anregungen. In: Georg Büchner Jahrbuch 9 (1995–99) S. 520–537.

Woyzeck als Oper

Berg, Alban: Wozzeck. Oper in drei Akten (15 Szenen) op. 7 nach Georg Büchners Drama. Uraufführung: 1925, Berliner Staatsoper.

Verfilmung

Herzog, Werner (Drehbuch, Regie und Produktion): Woyzeck (1979). Mit Klaus Kinski als Woyzeck, Josef Bierbichler als Tambourmajor und Eva Mattes als Marie.